書式例と給付金・助成金・モデル規程例も充実

育児介護休業の実務と手続き

改訂2版

社会保険労務士
岡田良則
桑原彰子

自由国民社

はじめに

子を産み､育てるための環境の整備が進められています。政府は「子供･子育てビジョン」を策定するなどして、社会全体として安心して妊娠・出産できる社会の実現を目指しています。

企業にとっても、少子高齢化は労働力不足をもたらし、良質な人材の確保を難しくしていきます。これまでの企業は、女性が子育てをすべきだという役割意識から、産前産後の女性の多くが退職を余儀なくされるなど、貴重な人材を無駄にしてきたのではないでしょうか。

これからは、右肩上がりの景気拡大は望めないのですから、企業競争を勝ち抜いていくためには優秀な人材の確保が不可欠です。そのためには、「ワークライフバランス（仕事と生活の調和）」に象徴されるように、出産や育児、両親の介護など労働者の生涯のさまざまな環境の変化にも、柔軟に対応していく工夫が求められているのです。

ワークライフバランスへの取り組みは、優秀な人材の退職を防止し、安定した雇用は人材の育成や有効活用を可能にします。さらに、新規採用においては、労働者に選ばれる企業の条件ともいえるのです。

近年、このようなことから、男女雇用機会均等法、育児介護休業法など子供を産み、育てながら働くことができるようにするための法律の改正が続いています。

たとえば､保育所に空きがなかったときの育児休業の延長､マタハラ（マタニティー･ハラスメント）の防止対策などが実施され、来年（令和３年）１月からは、子の看護休暇などの時間単位取得も認められるようになります。

本書では、このような最新の法令に対応して、図表などを用いてできる限りわかりやすく解説することに努めるとともに、モデル規程や各種様式なども多く取り入れて、実務に役立つよう心掛けました。

本書が、企業の実務担当者、あるいは育児や介護をしながら働く労働者の方々など、読者の皆様のお役に立つことを願っております。

令和２年12月

著者を代表して　　岡田　良則

育児・介護に関する最近の主な改正ポイント！

育児・介護に関する最近の主な改正事項とそのポイントを見ておきましょう。

◆平成29年10月～

2歳まで育児休業の再延長が可能に →58ページ

保育所に入れないなどの事情がある場合、これまで1歳6カ月まで育児休業の延長が可能でしたが、さらに2歳まで再延長できることになりました。育児休業給付金の給付期間も、再延長した場合は2歳までとなります。

育児目的休暇を新設（努力義務） →86ページ

小学校入学前までの子を養育する労働者について、育児に関する目的で利用できる休暇制度を設けることが努力義務となりました。

◆令和2年6月～

マタハラ防止対策の強化 →123ページ

事業主に妊娠・出産・制度利用の相談等をした労働者に対する不利益な取り扱いの禁止や、事業主の責務の明確化など、防止対策の強化が図られています。

◆令和3年1月～

子の看護休暇・介護休暇の時間単位取得 →74、108ページ

これまで「1日単位」または「半日単位」で付与することになっていた「子の看護休暇」について、「1日単位」のほか「1時間単位」での取得も認めるように企業に義務付けられることになりました。「介護休暇」についても同様です。

看護休暇・介護休暇の**時間単位取得**に関するQ＆A

令和３年１月から子の看護休暇・介護休暇の時間単位での取得が始まります（74、108ページ参照）。ここでは、厚生労働省のＱ＆Ａからいくつか注意点をご紹介しましょう。

Ｑ１：１日の所定労働時間が短い労働者は対象外にできる？

これまで「半日単位」の付与については１日の所定労働時間が４時間以下の労働者を対象外とすることが可能でしたが、「時間単位」の付与については、所定労働時間が短い者も含めてすべての労働者を対象としなければなりません。

Ｑ２：業務の性質上、時間単位で休暇を与えるのが困難な場合は？

労使協定を締結することにより、時間単位の休暇制度の対象からその業務に従事する労働者を除外することができます。困難な業務の範囲は労使で十分に話し合って決める必要があります。

Ｑ３：勤務時間の途中で取得する「中抜け」も認めなければならない？

法令で求められているのは、いわゆる「中抜け」なしの時間単位休暇です。法を上回る制度として「中抜け」ありにすることはもちろん問題ありません。

Ｑ４：２時間単位で取得することとしてもよい？

あくまでも「１時間単位」で、労働者の希望する時間数を取得できるようにする必要があります。２時間単位しか認めない、とすることはできません。

Ｑ５：１日の所定労働時間が７時間30分の場合はどうカウントする？

所定労働時間７時間30分の労働者が時間単位で休暇を取得する場合は、「30分」という端数を切り上げて、８時間分の休暇で「１日分」の取得とカウントします。丸一日の休暇を取得する場合は１日分（＝７時間30分）の取得とカウントします。

妊娠・出産・育児に関する法律の全体像

労働者の妊娠から育児の期間については、労働基準法、男女雇用機会均等法、育児介護休業法による定めがたくさんあり、事業主はいつからいつまで何をしなければならないのか、非常に複雑でわかりにくいところです。下はこれらの期間について必要な措置を時系列でまとめた図です。それぞれの措置の詳細は参照ページで解説しています。

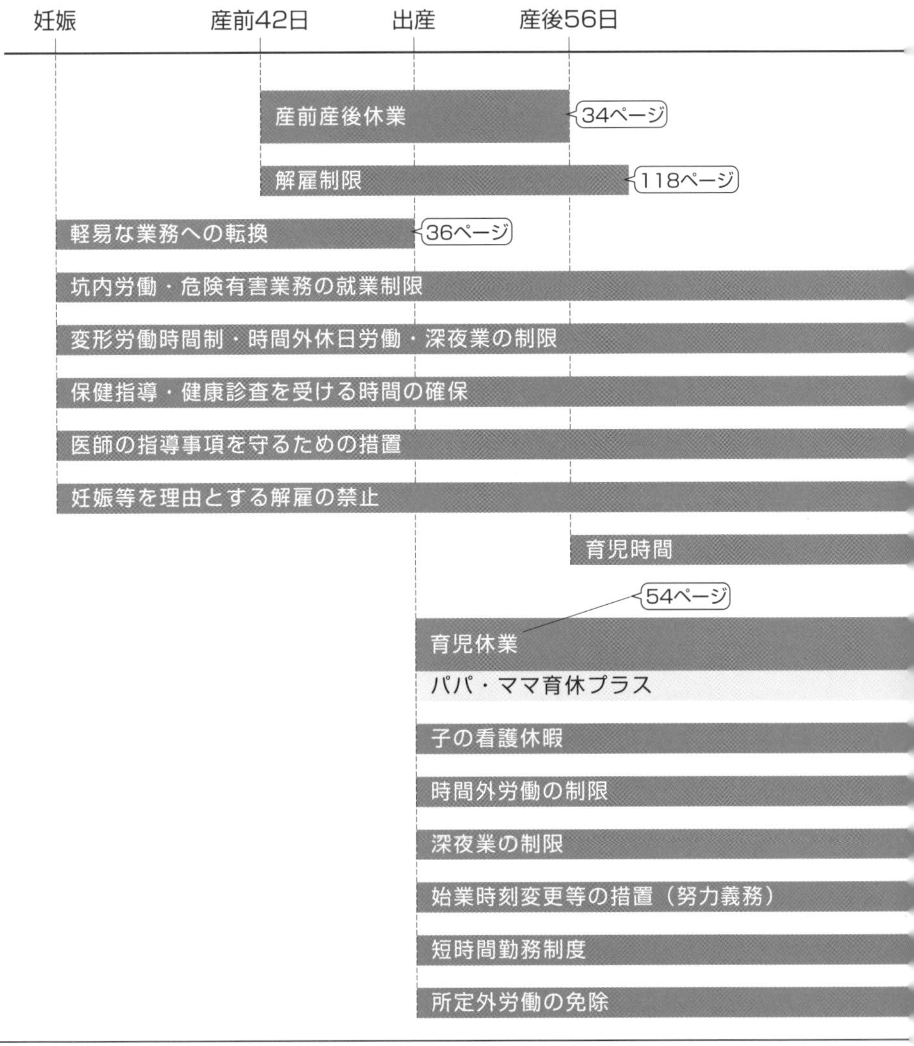

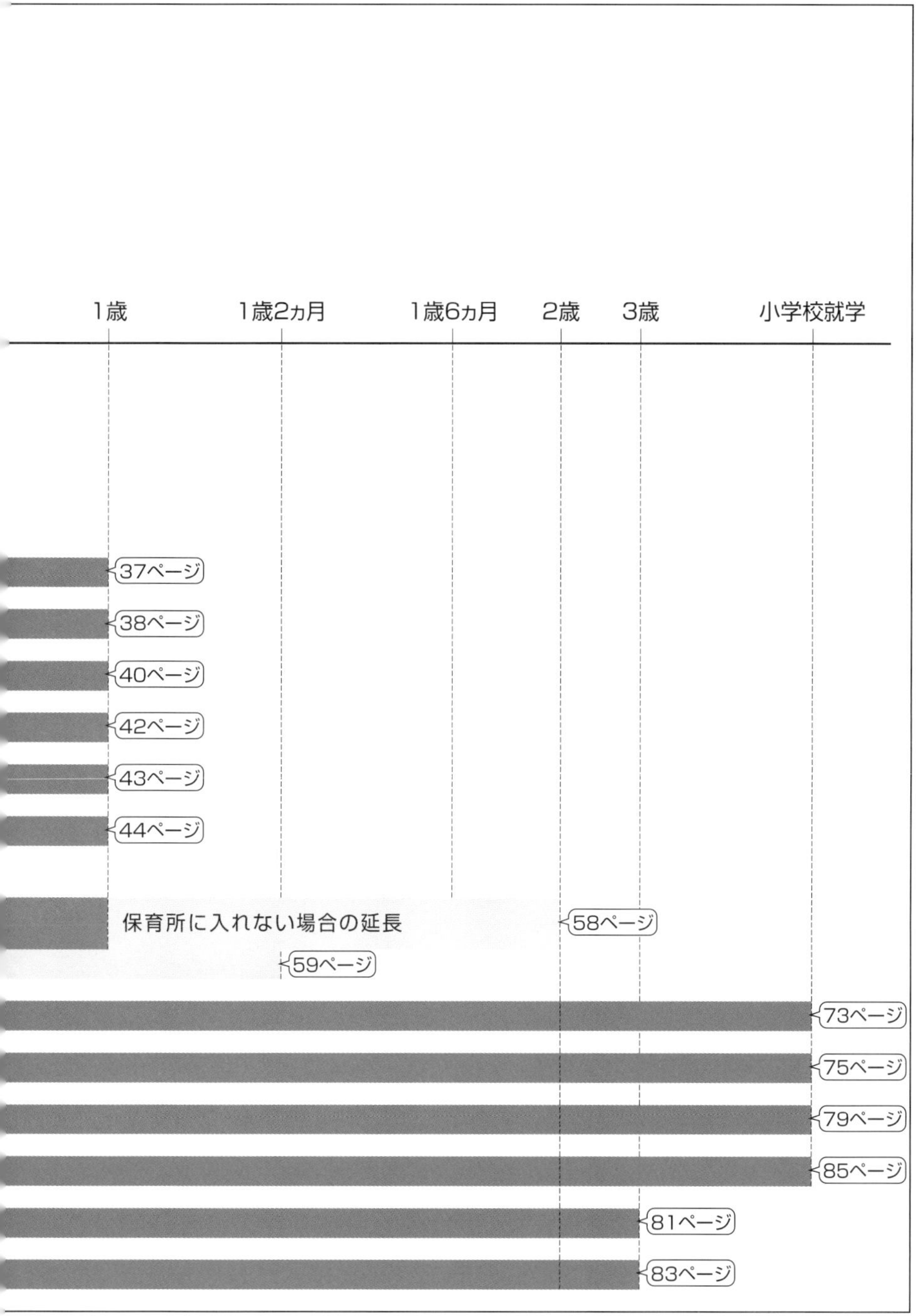
1歳
1歳2ヵ月
1歳6ヵ月
2歳
3歳
小学校就学
37ページ
38ページ
40ページ
42ページ
43ページ
44ページ
保育所に入れない場合の延長
58ページ
59ページ
73ページ
75ページ
79ページ
85ページ
81ページ
83ページ

介護に関する法律の全体像

介護に関する制度については、分割取得が可能になったり、利用できる期間が大幅に拡大されるなど、大きな改正が行われています。

平成29年1月以降は次のような制度に変わります。

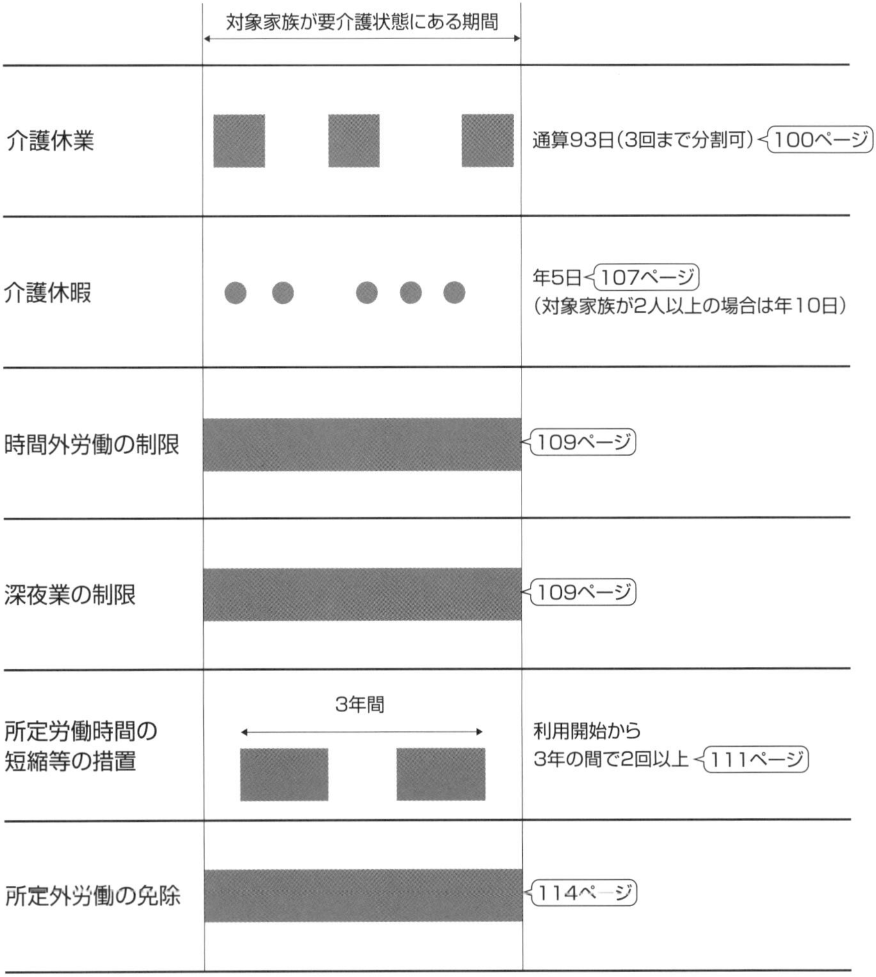

育児介護休業の実務と手続き　目次

第3章　社員の介護に関する実務と手続き

巻末　モデル規程と各種書式集

[本書に使用した法令、通達等の正式名称]

【育児介護休業法関連】

育介法、育児介護休業法→育児休業、介護休業等育児又は家族介護を行う労働者の福祉に関する法律

育介則→育児休業、介護休業等育児又は家族介護を行う労働者の福祉に関する法律施行規則

指　針→子の養育又は家族の介護を行い、又は行うこととなる労働者の職業生活と家庭生活との両立が図られるようにするために事業主が講ずべき措置に関する指針（平成21年厚生労働省告示第509号）

【均等法関係】

均等法、男女雇用機会均等法→雇用の分野における男女の均等な機会及び待遇の確保等に関する法律

均等則→雇用の分野における男女の均等な機会及び待遇の確保等に関する法律

指　針→労働者に対する性別を理由とする差別の禁止等に関する規定に定める事項に関し、事業主が適切に対処するための指針（平成18年厚生労働省告示第614号）

【その他】

パート有期法、パート有期労働法→短時間労働者及び有期雇用労働者の雇用管理の改善等に関する法律

労基法→労働基準法

労基則→労働基準法施行規則

次世代育成法→次世代育成支援対策推進法

序章

出産・育児・介護に関するＱ＆Ａ

出産・育児・介護に関するQ&A

労働者の「出産」「育児」「介護」に関する法律と制度の手続きには、複雑で細かい部分もあります。事業主や従業員の方から質問されることが多く、ポイントとなる項目をまとめました。

Q1　育児休業期間中の賞与は払わなくてよいか

先月から育児休業を取得している社員が、来月の賞与は自分にも支給されるのかと質問をしてきました。休業中ですから、支給するつもりはないのですが、問題はあるでしょうか？

A **育児休業を取得した労働者への不利益な取り扱いは法律で禁止されています。賞与の対象期間について、育児休業に入る前の実際に勤務した期間があるのであれば、その期間については他の労働者と同様に評価し、日数按分などにより支給するべきでしょう。**

まず、育児介護休業法では、労働者が育児休業の申し出をし、または育児休業をしたことを理由に、解雇その他不利益な取り扱いをしてはならないと定めています（育介法10条）。

そもそも賞与は、月例給与などと違い不確定な賃金ですから、労働者の勤務の評価や会社業績によって増減することは、何ら違法なものではありません。

しかし、育児休業を取得したことを理由に、実勤務に応じた分も「支払わない」あるいは「通常より大幅に減額する」といった取り扱いは、法律の禁止している「不利益な取り扱い」に当たります。この不利益な取り扱いについては、指針の中で「減給をし、または賞与等において不利益な算定を行うこと」も、例示されています。

さらに指針では、育児休業や子の看護休暇を取得した日などについて、退職金や賞与の算定に当たり、休業した期間や子の看護休暇などで勤務しなかった期間の日数分を日割りし、算定対象期間から控除することは不利益な取り扱いには当たらないものの、実際に勤務した日まで働かなかったものとして取り扱うことは「不利益な算定」に当たるとしています。

ご質問の事案では、育児休業に入ったばかりのようですが、まったく支給しないとなれば不利益な取り扱いと判断されやすくなります。そのような意図がないとしても、誤解のないように実勤務について評価し、日数按分などで支給する方がよいでしょう。

参照⇒　120ページ

Q2　年休計算で育児介護休業は欠勤扱いとなるのか

年次有給休暇を付与する際、育児休業や介護休業を取得した労働者の場合はこの期間について欠勤扱いとしてよいでしょうか？

A　年次有給休暇を付与する際には、出勤率の算定において、「育児休業」「介護休業」「産前産後休業」の期間は、出勤したものとして取り扱わなければなりません。

年次有給休暇は、入社して６ヵ月と、その後１年ごとに、その間の全労働日の８割以上を出勤した労働者について付与することになります（労基法39条１項）。この８割の出勤率を算定する際、育児休業や介護休業を取得した日の取り扱いは、労働基準法で明確に定められています。

労働基準法では、「育児休業」「介護休業」「産前産後休業」の期間は、これを出勤したものとみなすと定めています（労基法39条10項）。よって、欠勤の扱いはできません。

なお、年次有給休暇の付与における前１年間が、まるまる産前産後休業、育児休業の期間にある場合に、１日も実勤務がなかったとしても、前述のとおり出勤扱いとなるため、勤続年数に応じた日数が付与されることになります。ただし、この育児休業等の期間中に時効となる年次有給休暇の残日数は消滅しますし、休業中は労働の義務がないため、労働者は年次有給休暇を使用することはできません。

参照⇒　35、120ページ

Q3　妻が産休・育休を取ると夫は育休は取れないか

先日、妻が出産しました。初めての子供ですし、少しでも育児に参加したいので、会社に1ヵ月だけ育児休業を請求しましたが、妻が専業主婦の場合は認められないと言われました。これは違法ではないのでしょうか？

A　**妻が専業主婦である場合や、配偶者が育児休業を取得している場合でも、労働者から育児休業の申し出があれば会社は拒否することはできません。以前はこうしたケースでは育児休業の対象外とすることも可能でしたが、平成22年の改正によりこの除外規定は廃止されています。**

育児介護休業法では、育児休業の対象となる労働者について、日々雇用される者や一定の有期契約労働者を除外すると定めています。また、労使協定を締結した場合は、次の者も除外することができます（育介法6条1項、育介則8条）。

①雇用された期間が1年未満の者

②休業申出日から「1年以内」に雇用関係が終了することが明らかな者（1歳6ヵ月および2歳までの育児休業の場合「6ヵ月以内」）

③1週間の所定労働日数が2日以下の者

上記以外の人については、育児休業の申し出を拒否することはできません。

以前は、専業主婦の妻がいる場合や、配偶者が育児休業を取得している場合など、「配偶者が常態として子を養育できる者」も、労使協定によって対象外とすることができましたが、法改正により平成22年6月以降、この除外規定は廃止されました。妻が専業主婦でも育児休業を与えなければなりませんし、夫婦同時に育児休業を取得することも認めなければなりません。

参照⇒　55ページ

Q 4　産休中、育児休業中の社会保険料はどうなる

妊娠5か月ほどになりますが、流産の恐れがあるため、医者から早めに産休をとるようといわれています。ところで、産前産後休業や育児休業をとっている間、賃金が支払われなくても社会保険料は支払わなければならないのでしょうか？

A　産前産後休業および育児休業中の労働者（被保険者）については、会社が手続きをして、労働者負担分および会社負担分の社会保険料が免除されます。

産前産後休業中と育児休業中、労働者の社会保険料（健康保険、厚生年金の保険料）は、それぞれ休業を開始した月から復職した月の前月まで、労働者負担分および会社負担分ともに免除されます。免除されるためには、会社が「産前産後休業取得者申出書」「育児休業等取得者申出書」を管轄の年金事務所等へ提出する必要があります。

この免除期間中に支払い日がある賞与についても、同様に免除されます（ただし「賞与支払届」の提出は必要です）。

ところで、介護休業については、比較的短期の休業期間であるため、保険料の免除はありません。

また、雇用保険料は、賃金を支払う都度計算されるため、賃金の支払いのない産前産後休業中や育児休業期間中は生じません。

なお、法定の産前休業（産前６週間、多胎妊娠の場合は14週間）より早く休業を開始した場合、法定期間より前は免除されないため、会社が立て替え、労働者が後から会社へ振り込むなどして支払わなければなりません。

参照⇒　142ページ

Q5　パートタイマーが妊娠したので辞めてほしい

先日、パートタイマーから妊娠したとの報告があり、出産の後、子が1歳になるまで育児休業を取りたいと申し出がありました。当社ではパートタイマーをあくまでも臨時雇用と考えているため、出産を機に退職してもらおうと思っていますが、問題がありますか？

A　**法律では、期間雇用者について、一定の者だけを育児休業の対象とし、それ以外を適用から除外することとしています。**

貴社がパートタイマーを期間雇用者としているのであれば、一定の要件を満たさない場合に育児休業の対象外としてもかまいません。ただし、この要件は平成29年1月より大きく緩和されているため、期間雇用者でも育児休業を取得できる可能性が高まっています。

育児介護休業法では、次の要件を満たす期間雇用者について育児休業を取得できると定めています。

①同一の事業主に継続して雇用された期間が1年以上であること

②子が1歳6ヵ月（1歳到達から6ヵ月経過する日）までの間に契約が満了し、更新されないことが明らかでないこと

更新の上限が決まっているなどの理由により1歳6ヵ月までに契約が満了することが明らかな人以外は、勤続1年以上であれば期間雇用者でも育児休業が取得できるということになります。

なお、パートタイマー（短時間労働者）ではあっても期間を定めずに雇用している場合は、育児休業を与えなければなりません。

参照⇒　55、70ページ

Q6　もともと勤務時間が短い労働者の短時間勤務は

もともと所定労働時間が短時間である者が、育児または介護のための短時間勤務を申し出てきた場合、さらに勤務時間を短くしなければならないのでしょうか？

A　育児、介護ともに、もともとの勤務時間が6時間以下の者には、短時間勤務を適用する必要がないとされています。また、週の所定労働日数が2日以下の者も、労使協定によって対象外とすることができます。

短時間勤務制度には､「育児のための短時間勤務制度」と「介護のための短時間勤務制度」があり、現在「育児のため」の方は、すべての企業に導入が義務づけられています（育介法23条１項)。

短時間勤務制度は、時間を短くするものや日数を少なくするものなど複数設けて労働者が選べるようにしてもかまいませんが､「１日の所定労働時間を６時間とする制度」は必ず設けなければなりません。

ただし、そもそも勤務時間が１日６時間以下の者については制度の対象外とすることができます。また、週の所定労働日数が２日以下の者についても、労使協定によって対象外とすることができます。

介護については、フレックスタイム制や短時間勤務制度など４つの制度のうちから少なくともいずれか１つの措置を会社が選択し、講じなければなりません。短時間勤務制度を選択した場合でも、もともとの勤務時間が１日６時間以下の者については､さらに時間を短くする必要はありません。また、週の所定労働日数が２日以下の者についても、労使協定によって対象外とすることができます。

参照⇒　81ページ

Q7　短時間勤務中も「育児時間」を与えなければならないのか

育児のための短時間勤務制度の利用者から、労働基準法で定められた「育児時間」を利用してさらに勤務時間を１時間短くしたいと言われました。短時間勤務中の者にも「育児時間」を与えなければならないのでしょうか？

A　育児時間は労働基準法で定められた労働者の権利であり、短時間勤務制度とは別のものです。短時間勤務制度を利用中の人であっても、本人から請求があれば、育児時間を与えなければなりません。

労働基準法（67条）により、生後１歳に達しない生児を育てる女性労働者は、休憩時間の他、１日２回各々少なくとも30分、育児時間を請求することができます。２回に分けず一括して取得することも可能ですし、労働時間の途中に取らずに、その分始業時間を遅らせたり終業時間を早めるような使い方も認められています。

ですから、ご質問のように育児時間を利用してさらに勤務時間を１時間短くするといった利用も可能です。

ただし、短時間勤務制度は法律では少なくとも「３歳まで」利用できることになっているのに対し、育児時間は「１歳まで」です。また、育児時間を請求できるのは女性労働者だけです。

参照⇒　44、81ページ

Q8　会社判断で短時間勤務の対象外とする協定ができるか

少人数でたくさんの業務を行っているので、育児をしている社員全員に短時間勤務を利用されると仕事がまわらなくなります。「会社が適用困難と判断した場合は短時間勤務の対象外とする」と労使協定に定めることは可能でしょうか？

A　業務の性質などから制度の利用が困難な者は、労使協定に定めることによって短時間勤務制度の対象外とすることができます。ただし、対象外とする業務の範囲を具体的に定めることが必要です。会社が恣意的に決められるあいまいな定め方ではいけません。

「業務の性質または業務の実施体制に照らして、短時間勤務制度を講ずることが困難と認められる業務に従事する者」は労使協定によって短時間勤務制度の対象外とすることができます。具体的には、「国際線の客室乗務員」や「流れ作業方式の製造業務」、「労働者が少ない事業所においてその業務に従事しうる労働者が著しく少ない場合」などが指針に例示されています。

少人数のため仕事が回らないということですから、３番目の例に該当するかもしれませんが、その場合でも具体的に「どの業務」を対象外とするのかを明確にして定めなければなりません。労働者が短時間勤務を利用したいと思ったときに、自分の従事する業務が対象となっているのかどうか客観的にわかる必要があるからです。

「会社が適用困難と判断した場合」というあいまいな定め方では不十分でしょう。

なお、この除外規定により短時間勤務が利用できない労働者については、代わりの措置を講じる必要があります。

参照⇒　82ページ

Q９　対象外の業務から異動させた後、短時間勤務を利用させるという方法は問題ないか

当社では製造ラインの業務を行う者については労使協定で育児のための短時間勤務の対象外としています。このたびその製造ラインの労働者から短時間勤務の申し出があったのですが、部署を異動させてから短時間勤務を利用させるということなら問題ないでしょうか？

A　この場合、そもそも短時間勤務の申し出に応じる必要はなく、代わりの措置を講じれば問題ありません。異動させてまで短時間勤務制度を利用させてあげたいということでしたら、本人の同意を得て異動させれば問題ないでしょう。

流れ作業方式の製造業務などは、業務の性質などから短時間勤務制度の利用が困難な者として、労使協定に定めて制度の対象外とすることができます。ただし、この場合、短時間勤務制度の代わりに、フレックスタイム

制や育児休業に準ずる制度など何らかの代替措置を講じる必要があります。

ご質問のケースもこの方法で問題ないのですが、会社側が、異動させてまでその人に短時間勤務制度を利用させてあげたいということでしたら、本人の同意を得て短時間勤務制度を利用できる業務に異動させてもよいでしょう。この場合、短時間勤務を終了した後の配置はどうするかという点についても、事前に取り決めておきましょう。

参照⇒　82ページ

Q10　家族を介護中の労働者の配置転換はできるか

先日、労働者に転勤を命じたところ、家族を介護する都合があるので、他の人に代えてもらえないかと言ってきました。

A　原則として、あらかじめ就業規則等に配置転換があることの定めがある場合、労働者は配置転換の命令に応じなければなりません。ただし、家族の介護など特に労働者の受ける不利益が大きいと判断されるような場合には、使用者の権利濫用として配置転換の命令が認められないこともあります。

配置転換とは、長期的な労働者の業務内容の変更や、勤務場所の変更などを行うものです。過去の判例では、就業規則に「配置転換を命じることがある」といった定めがあれば、特に勤務地限定などの約束がない限り、労働者は会社の配置転換の命令に従わなければなりません。

ただし、別の判例では、①必要性の乏しい命令、②不当な動機による命令、③労働者の不利益が大きすぎる命令、などは、使用者による「権利の濫用」として、配置転換の命令が無効と判断されることもあります。ご質問の件は、家族構成、介護の程度などにもよりますが、③に当たる場合があります。最近では、高齢化によって家族の介護を余儀なくされる労働者も多いことから、このような判例も多くなっているところです。

なお、育児介護休業法(26条)では、使用者は労働者を転勤させる際、育児・介護の状況に配慮するよう定めています。

参照⇒　88ページ

Q11 夫の育児休業開始日の繰り上げはできるか

妻が出産しましたが、予定日より２週間も早く産まれました。私（夫）は、男性は出産予定日から育児休業を取得できると聞いていたので、予定日を育児休業の開始日として、既に会社へ申し出ています。このような場合、休業開始日を前倒しできるのでしょうか？

A 育児休業は、一定の特別の事情がある場合、開始日を繰り上げる変更が可能です。

育児休業の開始予定日は、原則として１ヵ月前までに開始日を決めて使用者に申し出る必要があります。ただし、次の特別の事情がある場合には、この開始日を繰り上げる変更が可能です。

①出産予定日前に子が出生したこと（男性が育児休業を取る場合）
②休業申出にかかる子の親である配偶者の死亡
③配偶者が負傷または疾病により子を養育することが困難になったこと
④配偶者が子と同居しなくなったこと

ご質問の事情は、①に当たりますから、繰り上げることができます。ただし、繰り上げて開始する日は、その１週間前までに使用者へ申し出ることが必要です。もし、開始希望日が１週間に満たないときは、使用者は申出日から１週間以内で開始日を指定することができます。

参照⇒　65ページ

Q12 男性社員は育児休業を取れない会社もあるか

妻が来月出産します。私も育児に参加したいと思い育児休業を申し出てみたところ、「当社には男性社員の育休制度はない」と言われました。会社によって、男性の育児休業がないということがあるのでしょうか？

A 育児休業は、会社の規模などにかかわらず、一定の要件を満たす全ての男女の労働者に認められた権利です。労働者が申し出た場合、使用者はこれを拒むことはできません。

育児介護休業法により、育児休業は日々雇用される労働者など一定の労働者を除き、全ての男女労働者に認められた権利です。

育児休業の制度は、就業規則に必ず定めなくてはならない事項ですが、たとえ定めがなくても、使用者は労働者の申し出を拒むことはできません。

また使用者は、労働者が育児休業を申し出たことや、育児休業をしたことを理由に、その労働者に解雇その他の不利益な取り扱いをしてはならないと定められています(育介法10条)。法律の解釈を間違っていないか会社ともう一度話し合って、ぜひ育児休業を取得して下さい。

参照⇒　55、120ページ

Q13　復職するつもりがないと育児休業は取れないか

当社の就業規則では、「育児休業を取得できる者は、休業期間終了後に復職の意思のある者に限る」と書かれています。このような規定は違法ではないのでしょうか？

A　育児休業や介護休業は、あくまでも休業から復職することを前提にしているものですから、「復職の意思がある者に限る」という規定は、必ずしも違法ではありません。

育児休業や介護休業について、就業規則で「復職の意思がある者に限る」と定めることは、行政も違法ではないと考えています。ただし、そのことで復職を確約させるようなものや、誓約書を提出させるようなものは、好ましくないとされています。

なお、休業中に復職の意思がなくなったとしても、労働者の状況や意思は変わることもあるため、一律に休業の要件がなくなったとして退職を迫るようなことも、してはならないことです。

参照⇒　63ページ

Q14　管理監督者も育児介護休業法の対象となるか

管理監督者から、育児介護休業法に基づき「時間外労働の制限」の請求がありました。やはり利用させる必要があるでしょうか？

A　労働基準法（41条）では、使用者と一体的な立場にある「管理監督者」「秘書」など一定の者について、労働時間、休憩、休日の規定を適用から外しています。よって使用者は、管理監督者に「時間外労働の制限」を適用する義務はありません。

管理監督者であっても、基本的に育児介護休業法の適用対象となっています。ただし、労働基準法により時間管理を要しないため、「時間外労働の制限」については対象外とされています。改正により義務化された「所定外労働の免除」も同様に対象外とされています。ただし、深夜業については労働基準法が適用除外ではないため、「深夜業の制限」は適用されます。

なお、労働基準法（38条の３、38条の４）の「裁量労働制」により「みなし労働時間」を適用する者は、労働時間制が適用除外となっているわけではないため、育児介護休業法の各種制度は適用されます。

参照⇒　76ページ

Q15　マタハラ防止措置とは具体的にどうすればよいか

「マタハラ防止措置」とは、どういうものですか？　企業は具体的に何をしなければならないのでしょうか？

A　妊娠・出産・育児休業・介護休業等を理由として社内で嫌がらせが行われることがないように、相談窓口を設置したり、研修などで周知・啓発を行うことが必要になります。

通称では「マタハラ（マタニティハラスメント）防止措置」と言われていますが、妊娠・出産に限らず、育児休業・介護休業等を理由として上司や同僚などによる嫌がらせが行われることがないよう必要な措置を講じる必要があります。

指針案では、会社の方針の周知、相談窓口の設置、マタハラが起きた場合の事実関係の確認、再発防止などの措置があがっています。
具体的には、担当者を置いて相談等に対応できるようにしておくこと、マタハラ防止に向けた会社の方針を決めて文書の配布や研修などで社員に周知・啓発を行うことが必要になります。

参照⇒ 123ページ

Q16 法律を守れていなかったらどうなる

法律どおりに制度を整備し運用できるか自信がありません。法律を守れていなかった場合、どうなるのでしょうか？ 罰則などはあるのでしょうか？

A 事業主には、過料や企業名公表などの罰則が設けられています。

以前は育児介護休業法には法律違反に対する制裁措置がなく、実効性が確保できないことが問題視されていました。たとえば、育児休業を取らせないなどの違法行為が行われても行政側は事業主に法律を守るよう「お願い」するしか方法がなかったのです。

しかし法改正により、平成21年９月からは、実効性を確保するために都道府県労働局長が事業主に対して指導や勧告を行うことができるようになりました。

また、行政から報告を求められた際に虚偽の報告をした事業主や、報告を怠った事業主には最大20万円の過料を課し、事業主が是正勧告に従わない場合は企業名を公表することができるようになっています。

参照⇒ 122ページ

第**1**章

社員の妊娠・出産に関する実務と手続き

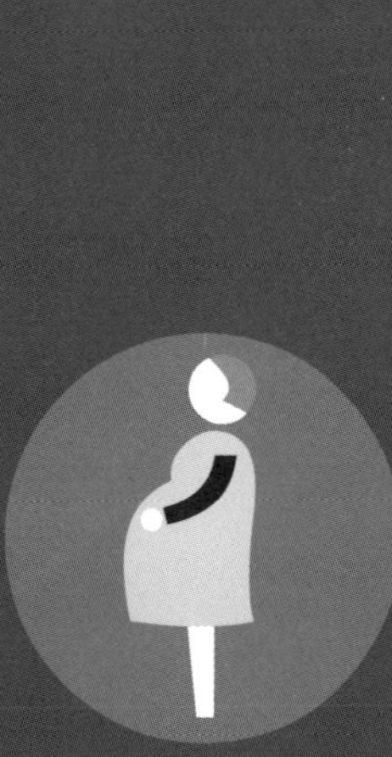

この章の内容は……

1-1

妊娠・出産に関する労働法の概要

ここからは、女性の妊娠・出産にまつわる法律を見ていきましょう。妊娠・出産に関しては、労働基準法と男女雇用機会均等法（以下「均等法」という）によってさまざまな母性保護のための規制が設けられています。

労働基準法の前身となる「工場法」（明治44年制定）から、女性を弱者と捉え保護する法律が設けられていました。しかし、社会の変化などから、国際的にもこのような保護への考え方が次第に移り変わっていき、女性差別の撤廃が進められ、代わって母性保護の措置が図られるようになってきました。

現在の法律は、女性の妊娠・出産期の労働について、次のとおり規制を設けています。中心となる制度を「産前産後休業」といいます。出産前後の母体を保護するため就労を禁止するものです。その他、妊娠後に一定の業務に従事することなどを禁止すること、保健指導の時間を確保できるものとすること、などがあります。

妊娠・出産に関する労働法の概要

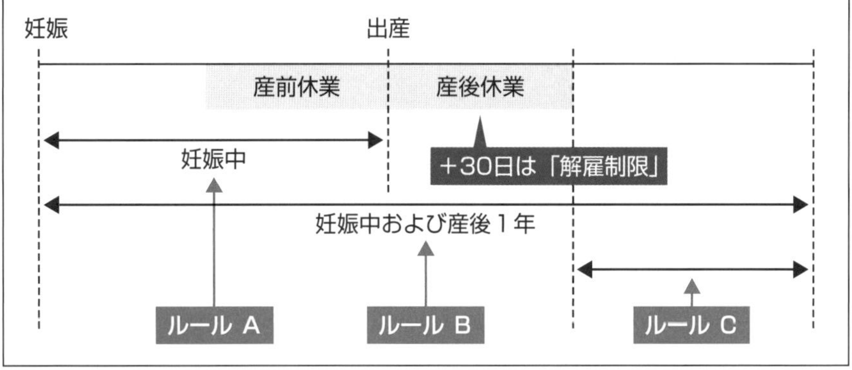

ルール A　妊娠中

軽易な業務への転換（労基法65条3項）

請求があった場合、他の軽易な業務へ転換させる。

ルール B　妊娠中および産後１年

坑内業務、危険有害業務の制限（労基法64条の２、64条の3）

トンネル工事などの坑内業務に就業の制限がある。重量物を取り扱う業務や有毒ガスを発散する場所での業務に就かせてはならない。

労働時間の制限（労基法66条）

請求があった場合、①変形労働時間制（フレックスタイム制を除く）
②時間外および休日　③深夜に労働させてはならない。

保健指導、健康診査を受ける時間の確保（均等法12条）

妊娠中は母子保健法に基づく保健指導、健康診査を受けるために必要な時間を確保する。産後は医師等が指示したときに健康診査等を受けることができるよう時間を確保する。

医師の指導事項を守るための措置（均等法13条）

主治医等から指導があった場合、①通勤緩和　②休憩時間の延長等
③作業の制限、休業などの措置を講ずる。

妊娠等を理由とする解雇の禁止（均等法９条）

妊娠中と産後１年間の解雇については、使用者が妊娠などの理由ではないと証明しない限り無効となる。

ルール C

育児時間（労基法67条）

１歳未満の生児を育てる女性は、１日２回各々30分の育児時間を請求できる。

1-2

産前産後休業

医学的にみて、妊娠末期は特に母体の負担が大きく、早産の危険性も高まること、また産後は母体が妊娠前の状態に回復するのに時間がかかることなどから、一定期間の休養が必要とされています。

産前休業は６週間取ることができる

労働基準法では、妊産婦の母体を保護するため、産前産後の一定期間について、労働者を使用することを禁止しています（労基法65条）。

産前休業は、出産予定日の６週間前（多胎妊娠の場合は14週間前）から女性労働者の請求によって開始される休業です。産前は強制的な休業ではなく、使用者が休業を命令することはできませんが、本人が請求すれば必ず与えなければなりません。実際の出産が予定日より早ければその分休業期間が短縮され、逆に予定日より遅れた場合は延長されます。なお、出産当日は、産前休業に含まれます。

産後休業は８週間取ることができる

産後休業は、実出産日の翌日から数えて８週間です。このうち６週間は強制的な休業で、使用者が就業を命令できないのはもちろん、女性労働者が働きたいと申し出ても就業させてはなりません。６週間経過後は、本人が請求すれば、医師が健康上問題ないと認めた業務に限り就業させることができます。本人が働きたいと申し出ないのに使用者の方から就業を命令することはできません。

なお、「出産」とは、妊娠４ヵ月以上の分娩をいい、死産や流産も含みます。妊娠中絶についても妊娠４ヵ月以上の場合は産後休業を与えなければなりません。

休業期間中の賃金は支払わなくてよい

産前産後休業期間中の賃金の取り扱いについては、法律で特に定められ

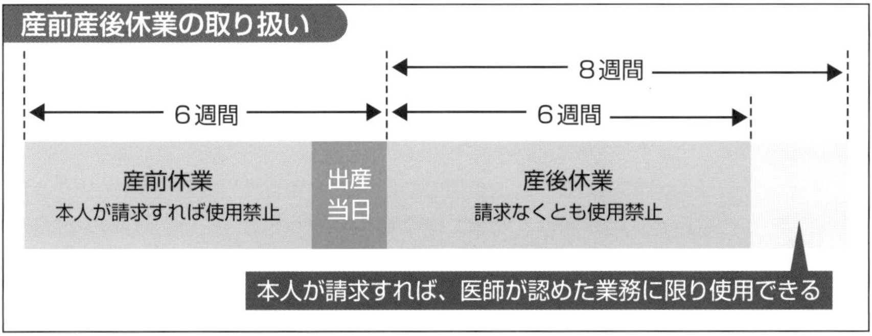

ていません。つまり、就業規則等で「有給」としていない限り、賃金を支払う義務はありません。女性労働者が健康保険に加入していれば、通常、休業期間中の所得保障として出産手当金（健保法102条）が支給されます（132ページ参照）。休業期間中に会社から賃金を支払う場合は、支払われた額に応じて出産手当金が減額調整されます。ただし、出産祝い金などの恩恵的なものは減額の対象にはなりません。

なお、産前産後休業中は、社会保険料は免除されます。

産前産後休業は出勤したものとみなす

労働基準法では、6ヵ月以上継続勤務し、出勤率が8割以上の者に対して年次有給休業を付与することと定めています。この出勤率を計算する際に産前産後休業を欠勤扱いにすると、休暇を取った女性は出勤率が8割以下となり、年次有給休業をもらえないことになってしまいます。そこで、法律では産前産後休業は出勤したものとみなして計算しなければならないとしています（労基法39条10項）。

また、解雇予告手当や休業手当などの金額を計算する際に使う「平均賃金」を算定する際においても、産前産後休業を取ったことが不利に働かないよう、その休業をはずして計算しなければなりません。

妊産婦には「解雇制限」がある

産前産後休業中およびその後30日間は、労働基準監督署長の認定があるときを除き、労働者を解雇することはできません（118ページ参照）。

1-3

妊娠中と産後1年の就業制限（労働基準法）

従来の労働基準法では女性を保護するため、一律に時間外労働等を制限していました。しかし今日、女性が男性と対等に働く機会を得るためにこうした制限が廃止され、一方で母性への保護が強化されました。

妊産婦に関する労働基準法の定め

妊娠中および産後１年以内の女性（以下「妊産婦」という）を使用するに当たっては、労働基準法と男女雇用機会均等法によってさまざまな制限が設けられています。これらの制限は、正社員に限らずパートタイマーなどにも適用されます。

まずここでは、労働基準法による制限を確認しましょう。

〈妊娠中〉

・軽易な業務への転換

〈妊娠中および産後１年以内〉

・坑内業務の就業制限
・危険有害業務の就業制限
・変形労働時間制の制限
・時間外・休日労働、深夜業の制限

軽易な業務への転換

使用者は、妊娠中の女性が請求した場合、他の軽易な業務に転換させなければなりません（労基法65条３項）。他に軽易な業務がない場合、新たに軽易な業務を設けてまで与える義務はありません。ただし、この場合でも、女性労働者の請求を拒否することはできません。同じ業務でも、重労働となっている部分を免除したり、仕事量を減らすなどの方法が考えられます。

なお、他に軽易な業務がなく、仕事量の軽減などでも十分に負担を減らすことができず、女性労働者がやむなく休業する場合は、休業手当（使用者側の都合で休業させる場合に平均賃金の６割を支払うもの）の問題は生じないと考えられます。また、一度業務を転換した後に、さらに他の軽易な業務への転換を求められた場合は、やはり応じる必要があるでしょう。

坑内業務の就業制限

使用者は、妊娠中の女性を坑内業務に就かせてはなりません。また、坑内業務に従事しない旨を申し出た産後1年を経過しない女性も坑内で行われる業務に使用してはなりません（労基法64条の2）。

坑内業務とは、鉱山の地下通路やトンネル建設現場等で行われる業務をいいます。もともと労働基準法では、全ての女性について坑内業務に就かせることを禁止していましたが、施工技術の進歩、法規制の充実などに伴い安全衛生技術が向上していることや規制緩和の要望がなされていたことを踏まえ、女性の働く機会を拡大するため平成19年4月より一部の業務を除いて解禁されました。

しかし、妊産婦については、やはり健康上好ましくないとして制限されています。

使用者は、女性労働者が妊娠しているかどうかを早期に把握し、適切な対応を取る必要があるため、女性労働者からの申し出、診断書の提出などの手続方法を具体的に定め、運用することが望ましいとされています。

危険有害業務の就業制限

妊産婦を、重量物を取り扱う業務、有害ガスを発散する場所における業務、その他妊娠、出産、哺育等に有害な業務に就かせることは禁止されています（労基法64条の3）。就業が制限されている業務は、具体的には次ページの表のとおりです。

妊娠中の女性は坑内業務と同様に、本人からの請求の有無にかかわらず就業させてはなりませんが、産後1年を経過しない女性については、業務によって制限が異なります。

また、有害業務の中には妊産婦以外の女性の妊娠・出産に関する機能についても有害であるものが含まれているとの考えから、妊産婦以外の女性も就業制限の対象とされています。なお、この妊産婦以外の女性の年齢は問いません。

妊産婦等に就業制限が行われる業務の範囲

女性労働基準規則　第2条第1項	就業制限の内容			女性労働基準規則　第2条第1項	就業制限の内容		
	妊婦	産婦	その他の女性		妊婦	産婦	その他の女性
1号　重量物を取り扱う業務	×	×	×	13号　土砂が崩壊するおそれのある場所又は深さが5m以上の地穴における業務	×	○	○
2号　ボイラーの取扱いの業務	×	△	○	14号　高さが5メートル以上の場所で、墜落により労働者が危害を受けるおそれのあるところにおける業務	×	○	○
3号　ボイラーの溶接の業務	×	△	○	15号　足場の組立て、解体又は変更の業務（地上又は床上における補助作業の業務を除く。）	×	△	○
4号　つり上げ荷重が5トン以上のクレーン、デリック又は制限荷重が5トン以上の揚貨装置の運転の業務	×	△	○	16号　胸高直径が35cm以上の立木の伐採の業務	×	△	○
5号　運転中の原動機又は原動機から中間軸までの動力伝導装置の掃除、給油、検査、修理又はベルトの掛換えの業務	×	△	○	17号　機械集材装置、運材索道等を用いて行う木材の搬出の業務	×	△	○
6号　クレーン、デリック又は揚貨装置の玉掛け業務（2人以上の者における補助作業の業務を除く。）	×	△	○	18号　対象有害物を発散する場所において行われる一定の業務	×	×	×
7号　動力により駆動させる土木建築用機械又は船舶荷扱用機械の運転の業務	×	△	○	19号　多量の高熱物体を取り扱う業務	×	△	○
8号　直径25cm以上の丸のこ盤（横切用丸のこ盤及び自動送り装置を有する丸のこ盤を除く。）又はのこ車の直径が75cm以上の帯のこ盤（自動送り装置を有する帯のこ盤を除く。）に木材を送給する業務	×	△	○	20号　著しく暑熱な場所における業務	×	△	○
9号　操車場の構内における軌道車両の入換え、連結又は解放の業務	×	△	○	21号　多量の低温物体を取り扱う業務	×	△	○
10号　蒸気又は圧縮空気により駆動されるプレス機械又は鍛造機械を用いて行う金属加工の業務	×	△	○	22号　著しく寒冷な場所における業務	×	△	○
11号　動力により駆動されるプレス機械、シャー等を用いて行う厚さが8mm以上の鋼板加工の業務	×	△	○	23号　異常気圧下における業務	×	△	○
12号　岩石又は鉱物の破砕機又は粉砕機に材料を送給する業務	×	△	○	24号　さく岩機、鋲打機等身体に著しい振動を与える機械器具を用いて行う業務	×	×	○

×…女性を就かせてはならない業務　△…女性が申し出た場合就かせてはならない業務　○…女性を就かせても差し支えない業務

変形労働時間制の制限

妊産婦が請求した場合は、「1ヵ月単位の変形労働時間制」「1年単位の変形労働時間制」「１週間単位の変形労働時間制」の規定にかかわらず、１日８時間、週40時間を超えて労働させてはなりません（労基法66条１項）。

では、変形労働時間制を採用している職場で、妊産婦が１日８時間以上の勤務をしたくないと請求した場合、賃金はどのように取り扱うべきでしょうか？　他の人たちが10時間働く日にその妊産婦だけが８時間労働となるため、その分の賃金をカットすることは認められます。

こうした取り扱いについては、トラブルを避けるためにも**あらかじめ労使協定や就業規則で定めておくことが望ましい**でしょう。

なお、変形労働時間制の中でも、フレックスタイム制については制限されていません。フレックスタイム制では、出退勤時間を本人の意思で決定できるため、毎日８時間で退社することも可能ですし、妊産婦が自分の体調に合わせて労働時間を調整しやすいため、むしろ好ましいともいえます。

時間外・休日労働、深夜業にも制限がある

妊産婦が請求した場合は、時間外・休日・深夜労働をさせてはなりません（労基法66条２項、３項）。一般に、労働時間が長くなるほど後期妊娠中毒症や貧血、低体重児出産の割合が増えるという傾向がみられ、深夜勤務、交替勤務などの勤務態様の女性労働者に妊娠・分娩での異常が多くみられることが指摘されているためです。

実務上のポイント！

労働基準法では、いわゆる管理監督者について労働時間、休憩、休日に関する規定を適用しないとしています。管理監督者は労働時間や休日の規制の枠を超えて活動することが要請される重要な職責があるため労働時間管理になじまないという理由からです。

管理監督者である妊産婦が時間外・休日労働をしたくないと請求してきた場合でも、上記の理由から時間外・休日労働をさせることはできます。ただし、深夜労働は請求があればさせてはなりません。

なお、裁量労働制により就業している妊産婦についてはこの制限は適用されますから、請求があれば、実労働時間が１日８時間、週40時間を超えないよう配慮しなければなりません。

1-4 妊娠中と産後1年の就業制限（均等法）

ここでは、妊産婦を使用するうえでの均等法による制限を確認しましょう。均等法は、就労の場における男女の差別を廃し、均等な機会を確保することと、妊娠中および出産後の健康の確保を目的とした法律です。

妊産婦に関する均等法の定め

均等法による妊産婦にかかわる制限は、次のとおりです。

〈妊娠中および産後１年以内〉

・保健指導・健康診査を受ける時間の確保

・医師の指導事項を守るための措置

・妊娠等を理由とする解雇の禁止

保健指導・健康診査を受ける時間の確保

妊婦は、母子保健法の規定による保健指導または健康診査を受ける必要があります。使用者は、女性労働者から請求されたときは、この保健指導または健康診査を受けるために必要な時間（以下「通院休暇」という）を確保できるようにしなければなりません（均等法12条）。

「必要な時間」とは、医療機関における待ち時間や往復時間も含みます。必要な時間の与え方や付与の単位について定める場合、実質的に女性労働者の通院が妨げられることがあってはなりません。つまり、通院休暇１回を３時間と定めて与えても、待ち時間や往復時間を合わせて３時間では足りないのであれば、必要な時間を確保したことにはならないのです。

通院休暇中の賃金は無給でもかまいませんが、あらかじめ取り決めて明示するべきでしょう。必要な通院休暇の回数は次のとおりです。

〈妊娠中〉

妊娠23週まで	4週間に1回
妊娠24週～35週	2週間に1回
妊娠36週～出産	1週間に1回

妊娠週数は、最終月経の1日目を基準にして最初の1週を0週として数えます。

妊娠週数と必要な通院休暇

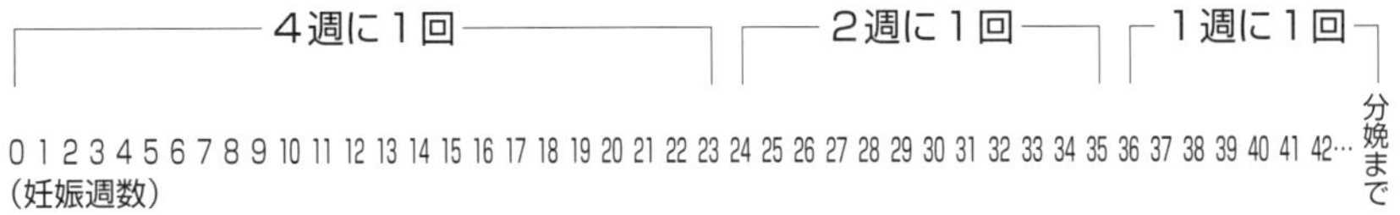

ただし、医師または助産師がこれと異なる指示をしたときは、その指示に従って必要な通院休暇を与えなければなりません。

〈産後1年以内〉

主治医等が健康診査等を受けることを指示したときは、必要な通院休暇を与えなければなりません。

産後の経過が正常な場合は、通常、産後4週間前後に1回、健康診査を受ければ済みますが、産後の回復不全等により、さらに健康診査を受診しなければならないこともあります。

なお、通院日、医療機関等は、原則として女性労働者の希望によりますが、次回の通院日がわかり次第早めに申請してもらうなど、手続きを決めておくとよいでしょう（155ページの巻末の申請書参照）。通達では、「申請に必要な書類として診断書等を求めることができるが、母子健康手帳を開示させることはプライバシー保護の観点から好ましくない」とされています。

また、妊婦健診の他、母親学級等での保健指導や歯科健診などについても、女性労働者が希望すれば、できる限り受けることができるように配慮することが望ましいとされています。

医師の指導事項を守るための措置

使用者は、女性労働者が、保健指導または健康診査に基づく指導事項を守ることができるようにするため、必要な措置を講じなければなりません(均等法13条)。使用者が講じなければならない措置は次のとおりです。

①通勤緩和（妊娠中）

②休憩時間の延長等（妊娠中）

③作業の制限、休業など（妊娠中または産後１年以内）

それぞれの措置について詳しく確認していきましょう。

（１）通勤緩和（妊娠中）

主治医等から通勤緩和の指導があった場合は、妊娠中の女性労働者の申し出に基づき、交通機関の混雑を避けて通勤できるように、通勤緩和の措置を講じなければなりません。例えば次のようなものが考えられます。

・30～60分の時差通勤

・フレックスタイム制の適用

・30～60分程度の勤務時間の短縮など

（２）休憩時間の延長等（妊娠中）

主治医等から休憩に関する措置について指導があった場合は、妊娠中の女性労働者の申し出に基づき、適宜、休養や捕食ができるよう、必要な措置を講じなければなりません。具体的には次のような措置があります。

・休憩時間の延長

・休憩回数の増加

・休憩時間帯の変更

妊娠中の女性の健康状態には個人差があります。つわりによって一度に少量しか食べられないが空腹感により吐き気が起こる、頻繁におなかが張る、腰痛で長時間立っていられないなど症状はさまざまです。

立ち仕事をしている女性労働者のそばには椅子を置く、横になれるよう休憩室に長椅子を用意するなど、症状に応じて休憩が取りやすいように工夫することが望まれます。

（３）作業の制限、休業など（妊娠中または産後１年以内）

女性労働者が、主治医等から妊娠中または出産後の症状について指導を受け、それを使用者に申し出た場合は、使用者は指導事項を守ることができるよう、作業の制限、勤務時間の短縮、休業等の措置を講じなければなりません。具体的には次のようなものが考えられます。

・作業の制限

重量物を取り扱う作業、外勤など長時間歩く作業、振動を伴う作業などから、デスクワークなどへの転換

・勤務時間の短縮

つわりの症状に対応するため、１日１時間程度の勤務時間の短縮

・休業

切迫流産等の症状に対応するため、症状が軽快するまで休業

令和２年５月７日から令和３年１月31日の暫定措置

妊娠中の女性労働者が、保健指導・健康診査を受けた結果、その作業等における新型コロナウイルス感染症への感染のおそれに関する心理的なストレスが母体または胎児の健康保持に影響があるとして、主治医や助産師から指導を受け、それを事業主に申し出た場合、事業主は、この指導に基づいて必要な措置を講じなければなりません。

母性健康管理指導事項連絡カードを活用する

主治医等の指導を的確に会社に伝えることができるよう、母子健康手帳には「母性健康管理指導事項連絡カード」（巻末156ページ参照）の様式が掲載されています（一部掲載のないものもあるようです）。通勤緩和などの措置を申し出る際に提出してもらうなど、活用するとよいでしょう。

これらの措置について、女性労働者からの申し出はあるものの、主治医等による具体的な指導がない場合や、どういう措置を講じればよいのかわからない場合には、使用者が主治医等に連絡をとり、判断を求めるなど適切な対応が必要です。

妊娠等を理由とする解雇の禁止

妊娠中と産後１年間の解雇については、事業主が、妊娠等が理由ではないと証明しない限り無効となります。詳しくは118ページで説明します。

1-5

会社での「育児時間」

生後間もない子を育てる女性が、授乳その他の世話を休憩時間に行っていては本人の休憩が取れないため、休憩時間とは別に、育児の時間を確保するための規定が労働基準法に設けられています。

1日2回30分ずつ請求できる

労働基準法により、生後1歳に達しない生児を育てる女性労働者は、休憩時間の他、1日2回各々少なくとも30分、その生児を育てるための時間を請求できます。使用者は、この間に女性労働者を使用してはなりません(労基法67条)。

ただし、これはあくまでも本人の請求に基づいて与えればよく、請求をしない女性労働者に対し使用者の方から労働を禁止できるものではありません。

なお、この育児時間を無給とすることはかまいません。

どのように与えるか

1日の労働時間が4時間以内の者には、1回の育児時間で足りるとされています。

分割しなくても1回で一括して取得することも、分割の請求を認めない主旨でないのであれば問題ないとされています。

また、休憩時間（労基法34条）の場合、「労働時間の途中」で与えることが規定されていますが、育児時間は特にいつ与えるかまでは定められていません。始業時刻を遅らせることや、終業時間を早めるような使い方も許されています。

COLUMN

働く女性の現状

女性の働く環境は、この数十年で大きく変わりました。産業のサービス化により女性の活躍する場や機会が増え、少子高齢化の進展により、いっそう労働力としての期待が高まっています。

女性の労働力率（15歳以上人口に占める労働力人口の割合）を年齢別に見ると、30～39歳で大きく落ち込む「M字カーブ」を描いています。これは結婚、出産などにより一旦仕事を離れる時期があるためです。

近年、M字カーブの底は上昇しつつありますが、その内容を詳細に見てみると未婚者と既婚・子供ありの女性では就業率が大きく違うことがわかります。その世代の未婚女性の就業率が８割を超えているのに対し、末子の年齢が６歳未満の場合は約４割、３歳未満では３割強と低い水準になっています。また、子供ありの女性には正社員が少なく、パートタイマーが多いのも特徴です。

こうしたいわゆる子育て世代の女性には、就業を希望しながらも「家事・育児のため仕事が続けられそうにない」という理由で求職活動をしていない人が多いこともわかっています。

女性労働者が今の会社で働き続ける上で必要だと考えていることをみると、「子育てしながらでも働き続けられる制度や職場環境」「育児や介護のための労働時間での配慮」など、仕事と家庭の両立支援が必要だとする声が目立ちます。

▶両立支援だけでなく、男女均等な待遇と公正な人事評価も求められる

両立支援の他には、「やりがいが感じられる仕事の内容」「男女均等な待遇と公正な人事評価」「結婚や出産、育児で女性社員が差別されない職場風土、環境」などを求める人の割合も高くなっています。

女性労働者に対する両立支援だけでなく、男性の働き方を含めた職場環境の見直しや、出産や育児が不利にならない公正な評価も求められるのです。

COLUMN

女性保護の法律の変遷

女性を労働者として保護する法律の歴史は、女工を描いた映画『あゝ野麦峠』に象徴されるような、戦前の紡績工場などでの過酷な労働環境の問題に遡ります。

かつて、女性の権利が保障されていなかった時代では、女性が軽視され、労働環境にも多くの問題を含んでいました。

過去の反省から、戦後昭和22年に成立した「労働基準法」により、女性労働者は男性に比べ「労働時間」や「従事させられる業務」で多くの保護が定められました。ただし、保護されることが、もっと働きたいという女性にとっては制約にもなっていたのです。

▶男女平等を進め、母性保護は強化

その後、男女平等の意識が広まり、昭和60年、旧「勤労婦人福祉法」より名称変更を伴って「男女雇用機会均等法」が生まれます。

平成3年には、均等法の中に規定されていた育児休業の規定が独立し、「育児休業法」が生まれました。

平成9年には、それまで努力義務だった均等法の規定が義務化され、職場における女性の権利が強く保護されることになります。

さらに平成11年、女性の深夜業などを制限してきた労働基準法が改正施行され、女性もほぼ男性と同じ働き方ができる環境が整備されたのです。ただし、母性保護の面を強化し、働くための権利と、女性の妊娠・出産という特殊性に対応することとしたのです。

女性労働者の保護法制の変遷

昭和60年	「均等法」（1972年ー旧「勤労婦人福祉法」より名称変更）
平成３年	「均等法」の育児休業規定は「育児休業法」へ独立
平成９年	「均等法」努力規定が義務化
平成11年	「労基法」改正　女性の深夜業禁止規定等廃止→ただし、母性保護は強化へ

第2章

社員の育児に関する実務と手続き

この章の内容は……

2-1

育児に関する労働法の概要

かつては「育児は女性の務め」という役割意識が強く、女性は出産を機に多くが退職を余儀なくされました。しかし男女平等や女性の社会進出など意識は変化し、女性も仕事を失わずに働けるための法整備が求められるようになりました。

男女の育児環境の整備を図る

現在、育児期間中の労働者については、主に育児介護休業法によって休業やその他の制度が設けられ、保護されています。その保護の範囲は基本的に男女の違いによって差はありません。女性が仕事へ復帰しやすくするには、男性の育児参加も不可欠だからです。

ただし、男性については出産（予定）の日から対象となるのに対し、女性については第１章で見た産前産後休業が優先されるため、その休業期間満了後から対象となります。

なお、少子化対策が最重要課題となっている我が国では、子育てに関するさまざまな施策の整備が進められています。なかでも、子を産み育てるための生活を確保するため、働きながら子を育てる環境が重要であり、育児介護休業法はその大きな役割を担っています。

制度適用への考え方

育児介護休業法では、図のとおり、使用者に育児のためのさまざまな制度を設けるよう求めています。使用者が設けた制度のうち、どれを利用するか、またどの制度を利用するか否かは、労働者自身の選択に任せられています。育児中の労働者は残業ができないから能率が悪いなどといって、使用者の方から育児休業を取るよう強要することなどはできません。

育児に関する労働法の概要

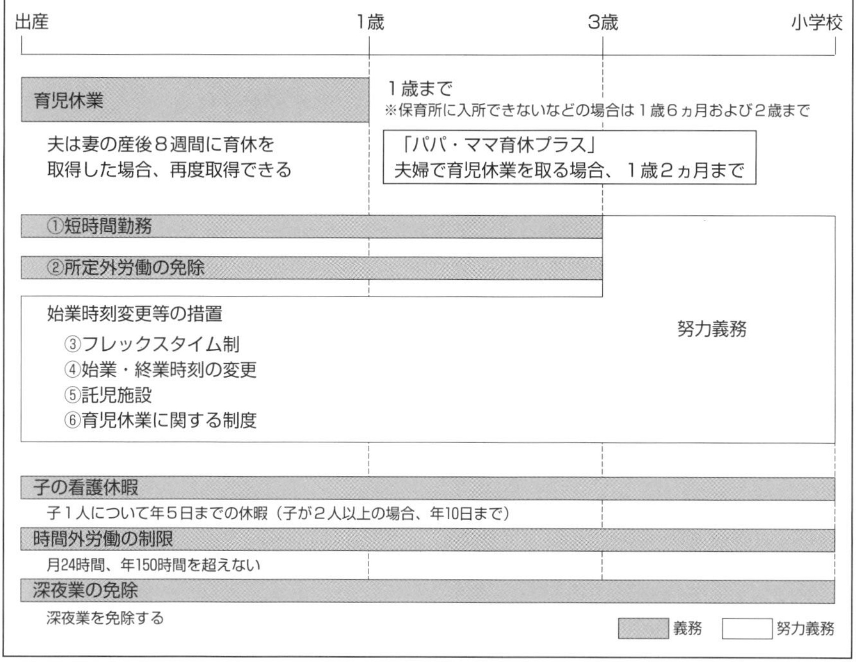

対象となる労働者

　パートタイマーにも育児休業を与えなければならないのか、入社したばかりでも短時間勤務を認めなければならないのかなど、制度ごとに、対象者が定められています。

　法律では、労使協定により対象外とできる労働者と、労使協定がなくても対象外となる労働者を定めていて、それ以外の労働者については、全て制度を利用できる対象者になります。

　もちろん、法律を上回って、全ての労働者を対象とすることはまったく問題ありません。

下の表を見ながらポイントを確認してみましょう。

有期契約で雇用している労働者については、一定の場合に限って育児休業の対象外としてもよいことになっています。なお、この要件は平成29年1月より変更されています（詳しくは70ページを参照）。

休業以外の制度については、有期雇用者は全て対象となります。

対象となる労働者一覧

○ 対象（請求されれば与える義務あり）　× 対象外　△ 労使協定があれば対象外
【注】一定の期間雇用者のみが対象となる（70ページ参照）

制度 ＼ 対象となる労働者	休業	子の看護休暇	時間外労働の制限	深夜業の制限	短時間勤務制度	所定外労働の免除	始業時刻変更等の措置
日々雇用される労働者	×	×	×	×	×	×	×
期間を定めて雇用される者	注	○	○	○	○	○	○
雇用された期間が１年未満の労働者	△	−	×	×	△	△	△
雇用された期間が６ヵ月未満の労働者	−	△	−	−	−	−	−
週の所定労働日数が２日以下の労働者	△	△	×	×	△	△	△
１日の所定労働時間が６時間以下の労働者	−	−	−	−	×	−	×
深夜に保育できる16歳以上の同居家族がいる労働者	−	−	−	×	−	−	−
所定労働時間の全部が深夜にあたる労働者	−	−	−	×	−	−	−
1年以内に雇用関係が終了することが明らかな労働者	△	○	○	○	○	○	△
業務の性質などから制度の適用が困難な者	−	−	−	−	△	−	−
参照項目	2-2	2-5	2-6	2-7	2-8	2-9	2-10

表の「雇用された期間が１年未満の労働者」とは、有期契約ではなく、期間の定めのない労働者についての制限です。「１年以内に雇用関係が終了する労働者」も同じで、既に退職を申し出ている人などが該当します。

なお、育児介護休業法の対象となる「労働者」は、労働基準法が規定する「労働者」と同じです。同居の親族や家事使用人は除外されています。

以前は、配偶者が常態として子を養育できる労働者は、労使協定により育児休業等の対象外にできることになっていましたが、平成22年の改正によりこの規定は廃止されました。そのため現在は、妻が専業主婦であっても対象外とすることはできません。また、夫婦が同時に育児休業を取得することも除外できません。

制度ごとの「申し出」と「請求」の違い

育児介護休業法に定める育児に関する制度には、「申し出」するものと、「請求」するものに分かれています。これは、使用者が業務の都合によって制度の適用を拒むことができるかどうかの違いです。

「申し出」する制度は、その申し出によって当然適用され、使用者は拒むことができません。一方「請求」するものは、「事業の正常な運営を妨げる場合」に使用者は拒むことができます。

「申し出」するものと「請求」するものを一覧にすると次のとおりです。

申し出	請　求
育児休業 子の看護 短時間勤務	時間外労働の制限 深夜業の制限 所定外労働の免除
拒むことができない	拒むことができる

労働者の請求を拒むことができる「事業の正常な運営を妨げる場合」に当たるかどうかは、その労働者の所属事業所で、その労働者の担当する作業の内容、繁閑、代替要員の配置の難易等、諸般の事情を考慮して客観的に判断すべきとされています。

例えば、同一時期に多数の専門性の高い職種の労働者が請求した場合に、通常考えられる相当の努力をしたとしても、なお事業運営に必要な業務体制を維持することが著しく困難な場合、「事業の正常な運営を妨げる場合」

に当たると指針では例示しています。いつでも忙しいときは拒めるほど安易に考えてはなりません。

複数の制度の共通点

制度の説明において、繰り返し出てくる共通の事項がありますので、ここで整理しておきましょう。

（1）請求において必要な事項

労働者が各制度（「育児休業」および「子の看護休暇」の申し出を除く、また「短時間勤務制度」および「始業時刻変更等の措置」の請求については、特に規定はありません。）の適用を請求する際は、使用者に次の事項を記載した書面を提出して行う必要があります。

①請求の年月日
②請求をする労働者の氏名
③請求に係る子の氏名、生年月日、労働者との続柄（請求に係る子が請求の際に産まれていない場合、出産する予定である者の氏名、出産予定日、労働者との続柄）
④請求に係る制限期間の初日、末日
⑤請求に係る子が養子である場合、その養子縁組の効力が生じた日
⑥深夜においてその子を常態として保育することができる同居の家族がいないことの事実（深夜業の制限の場合のみ）

育児休業等の申し出は、使用者が適当と認める場合には、書面に限らずファックスや電子メールによる方法でもかまいません。申し出の他、労働者による変更や撤回、使用者からの通知、介護に関する事項なども電子メール等が認められています。

（2）制度の終了事由

各制度は、労働者の意思にかかわらず、次の場合に終了します。ただし、「育児休業」の場合②は「子が１歳に達した場合」（１歳を超える休業の場合「子が１歳６ヵ月に達した場合」または「子が２歳に達した場合」）です。また「短時間勤務制度」および「始業時刻変更等の措置」の請求につ

いては、特に規定はありません。

①子を養育しないこととなった場合
②子が３歳に達した場合
③所定外労働の制限を受けている労働者について、産前産後休業、育児休業または介護休業が始まった場合

所定外労働の制限の開始前に子を養育しないこととなった場合には、所定外労働の制限は、なされなかったことになります。なお、「子を養育しないこととなった場合」とは、具体的には、次の場合をいいます。

①子の死亡
②子が養子の場合の離縁や養子縁組の取消
③子が他人の養子となったこと等による同居の解消
④労働者の負傷、疾病等により、制限を終了しようとする日までの間、子を養育できない状態となったこと

2-2

育児休業①―制度の概要

育児に関する中心的な制度が「育児休業」です。最近では女性労働者に浸透していますが、男性労働者の取得率は政府の目標である13%に比べ、7.48%と依然低い水準にあります。法改正で、男性の育児休業の取得促進が図られています。

休業とは一時的に労働を免除されること

育児介護休業法により、１歳未満の子を養育する労働者は、使用者に申し出て「育児休業」を取ることができます（育介法５条）。

「育児休業」とは、子を養育するためにする休業をいいます。「休業」とは、雇用関係が続いたまま労働者の労務提供の義務が一定の間なくなることをいいます。労働者は休業中の労働を免れますが、特別な約束がない限り使用者に賃金の支払い義務はなくなります（社会保険等の取り扱いは、第５章以降を参照して下さい）。

※「休暇」と「休業」は同じことです。厳密に区別する基準はありませんが、法律では「休暇」のうち「育児介護休業」のように連続して取得することが一般的であるものを「休業」としています。

「子」には養子も含まれますが、里子や養子縁組をしていない再婚相手の子は含まれません。ただし、平成29年１月からは、特別養子縁組の監護期間中の子や養子縁組里親に委託されている子といった法律上の親子関係に準じる関係にある子も対象に追加されています。なお、「養育」とは、同居し監督、保護することです。

労働者が申し出た育児休業は原則時季の変更はできない

使用者は、一定の要件を満たす労働者から育児休業の申し出があった場合、これを拒むことはできません。会社に育児休業の制度があるかどうかにかかわらず、労働者が申し出るだけで行使できる権利なのです。

また、労働基準法の定める年次有給休暇には、使用者に「時季変更権」

というものがあり、労働者が請求した時季に有給休暇を与えることが事業の正常な運営を妨げる場合には、他の時季に変更することができるとされていますが、育児休業については、一定の要件を満たす申し出について事業の運営に支障があっても時季の変更をすることはできません。

1歳未満の子を養育する男女労働者が対象

育児休業の対象となるのは、原則として「1歳に達するまで」の子を養育する男女労働者です。

ただし、育児休業は長ければ1年以上勤務しないことになるため、短期の就労を前提とする一定の労働者は対象から除外されています。その対象外となる労働者は、「当然、対象外となる人」と、労使が合意して「労使協定によって対象外とできる人」に分かれます。

なお、育児休業はパートタイマーや派遣スタッフなどには権利がないという誤解も多いようですが、必ずしもそうではありません。その点も注意して見ていきましょう。

(1) 労使協定がなくても当然に対象外となる人

まず、労使協定がなくても法律上当然に対象外とできる人は、次のとおりです。

①日々雇用される労働者
②一定の要件を満たさない期間雇用者

なお、期間雇用者とは、「6ヵ月」「1年」などの有期契約で雇用している労働者をいいます。一定の要件については平成29年1月より改正され、要件が緩和されています。後ほど詳しく説明しましょう(70ページ参照)。

パートタイマーについても有期契約にしているケースが多く見られますが、単に所定労働時間や日数が正社員よりも短いだけで明確に雇用期間を定めないパートタイマーは、育児休業を取得できます。

(2) 労使協定で対象外とできる人

労使協定(事業所の労働者の過半数で組織する労働組合があるときはその労働組合、ないときは労働者の過半数を代表する者と使用者との書面による協定)で定めた場合は、次の人を育児休業の対象から除外することができます（育介法６条１項、育介則８条）。

①雇用された期間が１年未満の者
②休業申出日から「１年以内」に雇用関係が終了することが明らかな者（１歳６ヵ月および２歳までの育児休業の場合「６ヵ月以内」）
③１週間の所定労働日数が２日以下の者

「雇用関係が終了することが明らかな者」とは、定年に達することにより必ず退職することとなっている労働者や、退職を申し出ている労働者などです。

これらは労使協定で定めた場合に限って対象外とできるとされています。つまり、こうした労使協定を締結していないのに、勤続１年未満だからといって育児休業の申し出を拒否することはできないのです。

以前は、配偶者が常態として子を養育できる労働者は、労使協定により育児休業等の対象外にできることになっていましたが、平成22年の改正によりこの規定は廃止されました。現在は、妻が専業主婦であっても対象外とすることはできません。また、夫婦が同時に育児休業を取得することも除外できません。

育児休業の期間は子が１歳になるまで

育児休業は、原則として「子が１歳に達するまで」です。

ただし、妻の場合、労働基準法で出産後８週間の産後休暇が認められているため、育児休業はそれが終わってからとなります（巻末資料「産休開始日・育休開始日早見表」参照）。夫の場合は、子が出生した当日（予定日）から取得することができます（予定日より早く生まれた場合、休業の申し出の「特別な事情」に当たるため、通常「１ヵ月」までに申し出るところ、「１週間前」の申し出または開始日の繰り上げができます）。

実務上のポイント！

子が「１歳に達する」のは誕生日の当日ではなく、前日です。民法（143条）により、誕生日の前日午後12時に１歳に達するとされています（例えば４月１日生まれの子は翌年の３月31日午後12時となります）。

取得できるのは原則として１回のみ

法律では、原則として１人の子について１回しか取得できないとされています（連続した１つの期間について初日と末日を明らかにして申し出る必要があります）。細切れに何度も取得すると、手続きや代替要員の確保などの面で使用者に過度の負担がかかると考えられるからです。

ただし、次の「特別の事情」がある場合は、再度の取得が認められます（育介則５条）。

①産前産後休業の開始により育児休業期間が終了した場合で、その休業等の対象となった子が、死亡や、他人の養子になったことなどにより労働者と同居しなくなったとき
②新たな育児休業の開始により育児休業期間が終了した場合で、その休業等の対象となった子が、死亡や、他人の養子になったことなどにより労働者と同居しなくなったとき
③介護休業の開始により育児休業期間が終了した場合で、その対象となった対象家族が死亡、または離婚、婚姻の取消、離縁等により対象家族と労働者との親族関係が消滅したとき
④配偶者が死亡したとき
⑤配偶者が負傷、疾病等により子の養育が困難な状態となったとき
⑥離婚等により配偶者が子と同居しないこととなったとき
⑦申し出の子が、負傷、疾病または身体上もしくは精神上の障害により、２週間以上の期間にわたり世話を必要とする状態になったとき
⑧申し出の子について、保育所における保育の実施を希望し、申し込みを行っているが、当面その実施が行われないとき（当初入所を予定していた保育所に入れない場合など）

産後８週間以内の特例

以上のように、特別な事情がない限り、育児休業は原則１回のみですが、妻の出産後８週間以内に夫が育児休業を取得した場合（産後８週間以内に終了している休業に限る）は、特別な事情がなくても特例として再度の取得が認められることになっています（育介法５条２項）。産後８週間というのは、母親の身体がまだ回復せず、労働基準法で労働を禁止されている期間です。

なお、この産後８週間は、①出産予定日前に子が生まれた場合は、出生日から出産予定日の８週間後まで、②出産予定日後に子が生まれた場合は、出産予定日から出生日の８週間後までとなります。

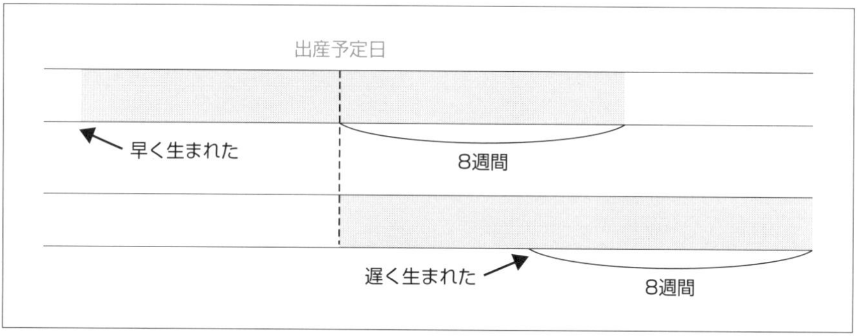

育児休業の延長（１歳６ヵ月まで、再延長で２歳まで）

次のいずれかの事情がある場合は、使用者に申し出ることにより、子が１歳６ヵ月に達するまで育児休業を延長することができます（育介法５条３項、育介則６条）。

さらに、法改正により平成29年10月からは、最長で子が２歳に達するまで再延長できるようになっています（育介法５条４項、育介則６条の２）。

①保育所の入所を希望しているが入所できない場合
②子を養育する予定であった配偶者が次のいずれかに該当したとき
イ）死亡したとき
ロ）負傷、疾病等により子の養育が困難になったとき
ハ）離婚その他の事情により子と同居しなくなったとき
ニ）６週間（多胎妊娠の場合は14週間）以内に出産予定または産後８週間を経過しないとき

前記①②いずれの場合も、子が１歳に達する日（２歳までの再延長の場合は子が１歳６カ月に達する日）に、両親のどちらかが育児休業中である場合に限ります。

子が１歳に達する日とは、１歳の誕生日の前日を指します。

実務上のポイント！

「保育所」とは、児童福祉法に規定する保育所をいい、いわゆる無認可保育施設は含まれません。「①保育所の入所を希望しているが入所できない場合」とは、「市町村に対して保育の申し込みを行っており、市町村から、子が１歳に達する日の翌日において保育が行われない旨の通知がなされている場合をいう」との通達があります。

「１歳６カ月に達するまで」とは、子の１歳の誕生日の属する月から６カ月後の月における誕生日に当たる日の前日までをいいます。

例えば、４月１日生まれの子は翌年の９月30日までをいいます。

パパ・ママ育休プラス

育児休業は原則１歳に達するまでとされていますが、「パパ・ママ育休プラス」として、夫婦がともに育児休業を取得する場合（夫婦が同時に取得する期間があってもよい）は、１歳２カ月に達するまで育児休業を取得できるようになっています。

ただし、夫婦１人ずつが取得できる休業期間の上限は１年間とされています。なお、妻は産後休業期間を合わせて１年間です。

育児休業の取得可能日数＝ 365日（うるう年は366日）－出生日以後の産前産後休業期間の日数

（1） パパ・ママ育休プラスの要件

・配偶者が子の１歳到達日以前のいずれかの日において育児休業をしていること

※１「配偶者」には、法律上の配偶者のみならず、事実上婚姻関係と同様の事情にある者を含みます。

※２「育児休業」には、育児・介護休業法の規定に基づく育児休業のみならず、公務員が国家公務員の育児休業等に関する法律等の規定に基づき取得する育児休業も含みます。

（2） パパ・ママ育休プラスの対象とならない場合

①本人の育児休業開始予定日が、子の１歳到達日の翌日後であるとき

②本人の育児休業開始予定日が、配偶者がしている育児休業の初日前であるとき

（3） １歳６ヵ月までの育児休業の場合

保育所に入れない場合などの「子が１歳６か月」までの育児休業については、パパ・ママ育休プラスの場合、次のように取り扱われます。

①１歳６ヵ月まで延長できる要件として、「本人または配偶者が、子の１歳到達日において育児休業をしていること」が必要ですが、パパ・ママ育休プラスの場合、「本人または配偶者が、子の１歳到達日後の育児休業終了予定日において育児休業をしていること」で判断されます。

②１歳６ヵ月までの育児休業では、その育児休業の開始予定日は、「子の１歳到達日の翌日」ですが、パパ・ママ育休プラスの場合、「子の１歳到達日後である本人または配偶者の育児休業終了予定日の翌日」となります。

③１歳６ヵ月までの育児休業の要件に該当するかの判断は、１歳６ヵ月までの育児休業の申出時点で判断されます。

（具体例）　（例４）（例５）は対象になりません。

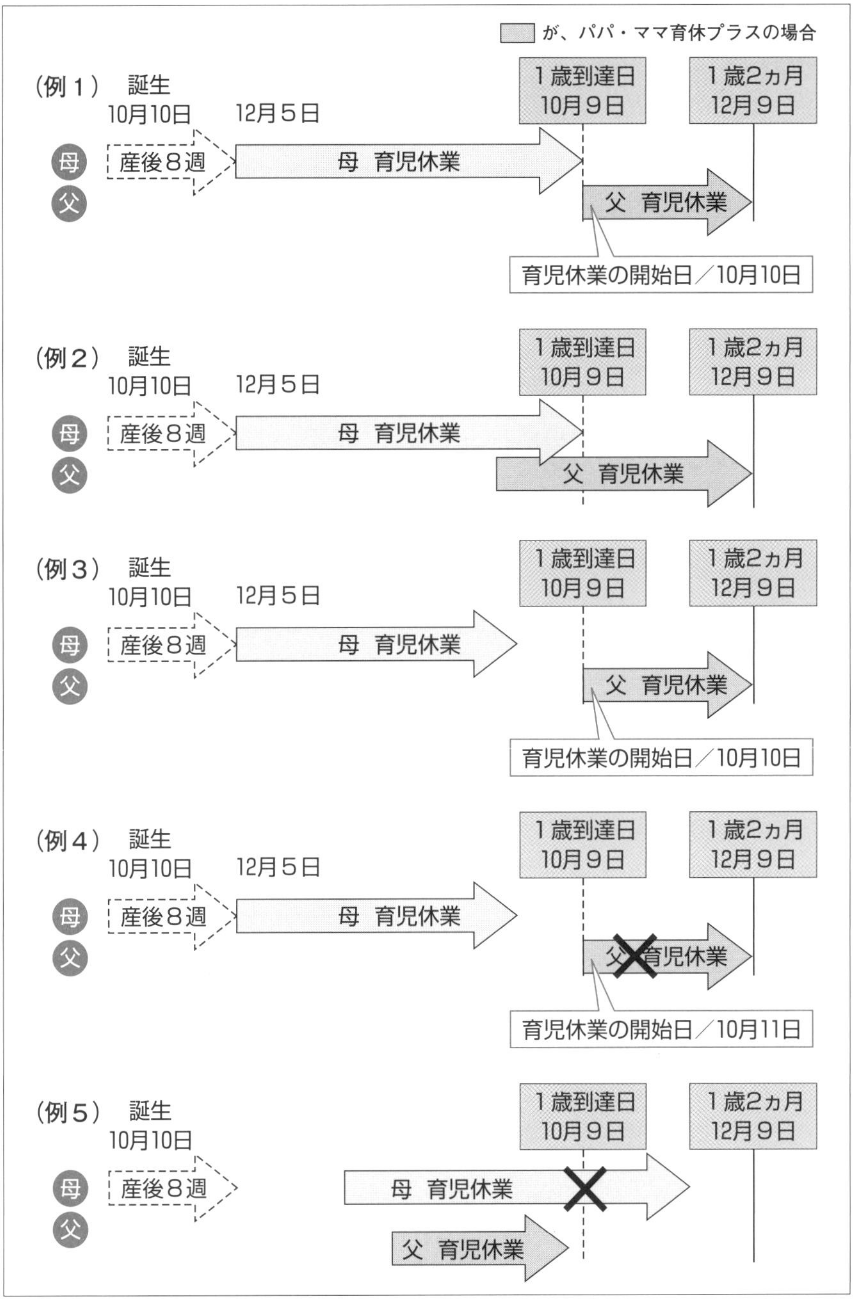

2-3 育児休業②—申し出・変更の手続き

労働者が育児休業を取る際、使用者は後任者への引き継ぎや代替要員の確保など、あらかじめ業務に支障なきよう準備する必要があります。法律では使用者に過度の負担が生じないよう、休業の申し出などについて手続きのルールを定めています。

必要事項を申し出る

育児休業は、次の事項を使用者に申し出ることによって行わなければなりません（育介則７条１項）。

①申出の年月日
②労働者の氏名
③申出に係る子の氏名、生年月日、労働者との続柄（子が出生していない場合は、出産予定者の氏名、出産予定日、労働者との続柄）
④休業を開始しようとする日、休業を終了しようとする日
⑤申出に係る子以外に１歳未満の子を有する場合、その子の氏名、生年月日、労働者との続柄
⑥申出に係る子が養子である場合、養子縁組の効力発生日
⑦一度休業した後に再度の申出を行う場合、休業開始日までの期間が短い申出の場合、一度撤回した後に再度の申出を行う場合には、それぞれの申出が許される事情
⑧子が１歳に達するまでの育児休業をしている労働者が、１歳以降の育児休業の申出を行う場合、申出が許される事情
⑨パパ・ママ育休プラスにより１歳を超えて休業する場合、本人の育児休業開始予定日が、配偶者の育児休業の初日以降である事実

※①～④は必須事項。⑤～⑧は特定の場合に必要な事項。
期間雇用者が雇用契約の更新に伴って申し出る場合は①②④のみ。

なお、育児休業の申し出に際し、育児休業終了後に復職の意思があることを要件にすることも、違法ではないとされています。ただし、復職を確約させることや誓約書を提出させることは好ましくないとされています。

育児休業の期間は、労働者の意思で決められるものです。「１ヵ月単位」など取得単位を決めることや、最低取得期間を設けることはできません。

育児休業の開始日を決める

育児休業は男女ともに認められた権利ですが、女性労働者の場合は産後休暇が終わってから、男性労働者の場合は妻の出産予定日以降を育児休業の開始日として申し出ることができます。

なお、女性が取得する場合でも、必ず産休に引き続き取得しなければならないものではありませんから、使用者側で休業開始日を限定することはできません。

申し出は原則１ヵ月前まで

子が１歳に達するまでの育児休業については、原則として育児休業を開始しようとする日の１ヵ月前の日までに申し出ることが必要です（育介法６条３項)。ただし、「特別の事情」がある場合は１週間前の日まででも認められます。特別の事情とは次のような場合をいいます（育介則10条)。

①出産予定日前に子が出生したこと（男性が育児休業を取る場合）
②休業申出にかかる子の親である配偶者の死亡
③配偶者が負傷または疾病により子を養育することが困難になったこと
④配偶者が子と同居しなくなったこと
⑤申し出の子が、負傷、疾病または身体上もしくは精神上の障害により、２週間以上の期間にわたり世話を必要とする状態になったとき
⑥申し出の子について、保育所における保育の実施を希望し、申込みを行っているが、当面その実施が行われないとき（当初入所を予定していた保育所に入れない場合など）

遅れたときは使用者が開始日を指定できる

期限の日よりも申し出が遅れた場合は、使用者が次の図のとおり、休業の開始日を指定することができます（育介法６条３項、育介則11条）。

育児休業の申出日と使用者による指定

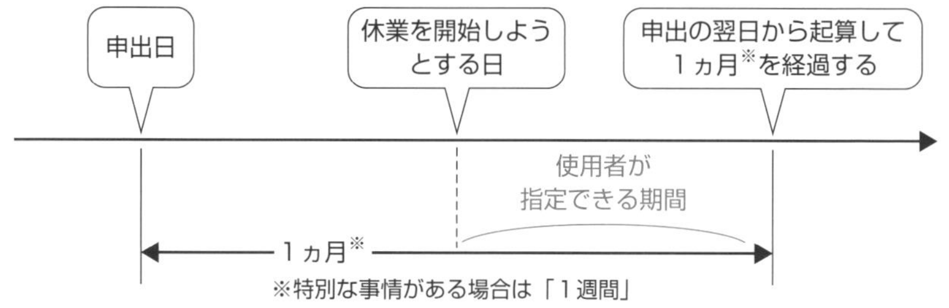

例えば、４月20日から育児休業を取得したいと４月１日に申し出た場合は、４月20日から５月１日までの間で使用者が開始日を指定することができます。

実務上のポイント！

使用者が休業開始日を指定する場合は、原則として申し出があった日の翌日から起算して３日を経過するまで（申出日が４月１日なら４月４日まで）に指定する日を記載した書面を労働者に交付しなければなりません。なお、申出日と休業を開始しようとする日との間が３日より短い場合は、休業を開始しようとする日までに指定しなければなりません（育介則11条）。

１歳６ヵ月まで延長するときは誕生日の２週間前までに申し出る

子が保育所に入所できないなど、やむを得ない場合は１歳６ヵ月に達するまで育児休業を延長することができますが、その場合、労働者が希望どおりの日から休業するためには、子の１歳の誕生日の２週間前の日までに申し出ることが必要です。

２歳まで再延長する場合は、１歳６ヵ月の誕生日に当たる日の２週間前までに申し出る必要があります。

申出期限のまとめ

労働者が育児休業を申し出る期限は、それぞれ次のとおりです。

・１歳に達するまでの育児休業…………………… １ヵ月前まで
・特別な事業がある場合………………………… １週間前まで
・１歳６ヵ月までの延長………………………… １歳の誕生日の２週間前まで
・２歳までの延長…………… １歳６ヵ月の誕生日に当たる日の２週間前まで

事業主による休業期間等の通知

労働者から育児休業の申し出があったとき、事業主は速やかに（おおむね２週間以内に）次の事項について労働者に通知しなければなりません。

①育児休業の申し出を受けた旨
②育児休業開始予定日および育児休業終了予定日
③育児休業を拒む場合にはその旨およびその理由

②について、申し出が遅れたため事業主が開始日を指定する場合は、その指定日を通知します。通知は書面によるほか、労働者が希望する場合はファックスや電子メールでもかまいません。

実務上のポイント！

育児休業は経営上の事情や業務繁忙等の理由で拒むことができるものではありません。③でいう「拒む場合」とは、申し出を行った労働者が労使協定によって対象外とできる者に該当している場合のことです。

開始日の繰り上げ

労働者は、一定の場合に１回に限り、育児休業の開始日を繰り上げ変更することができます。一定の場合とは「特別の事情」がある場合をいいます（育介法７条１項、育介則10条）。「特別の事情」は、63ページの「１週間前の日までの申し出」の場合と同じです。

希望どおりの日に繰り上げ変更するには、変更後休業を開始しようとする日の１週間前までに変更の申し出をする必要があります。

申し出がこれより遅れた場合、使用者が図の範囲で休業の開始日を指定することができます（育介法７条２項、育介則14条）。

開始日の繰り上げの変更

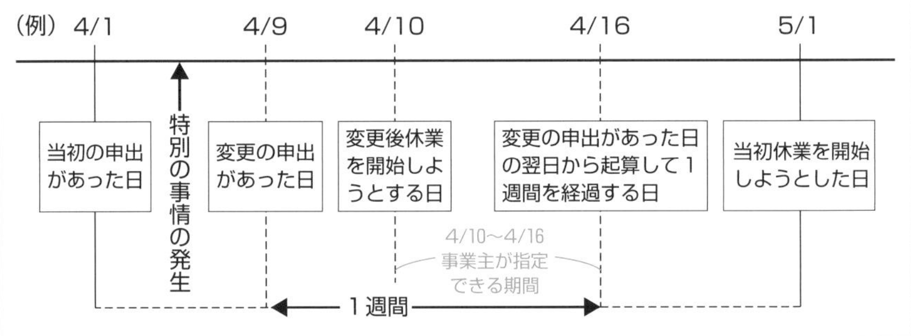

このように使用者が休業開始日を指定する場合は、原則として申し出があった日の翌日から起算して３日を経過するまでに指定する日を通知しなければなりません。なお、申出日と休業を開始しようとする日との間が３日より短い場合は、休業を開始しようとする日までに書面を交付して指定しなければなりません（育介則15条）。

終了日の繰り下げ

労働者は、一定の時期までに申し出ることにより、事由を問わず、１回に限り、育児休業の終了日を繰り下げ変更し、育児休業の期間を延長することができます。

１歳に達するまでの育児休業を繰り下げ変更する場合は、当初育児休業を終了しようとしていた日の１ヵ月前までに変更の申し出をしなければなりません（育介法７条３項、育介則16条）。

これとは別に、子が保育所に入所できないなど、やむを得ない場合に１歳以降１歳６ヵ月および２歳に達するまで取得できる育児休業についても、１歳までの育児休業とは別カウントで、事由を問わず１回に限り繰り下げ変更することができます。

１歳６ヵ月および２歳に達するまでの育児休業を繰り下げ変更する場合は、当初育児休業を終了しようとしていた日の２週間前までに変更の申し出をする必要があります。

開始の繰り下げと終了の繰り上げは規定なし

「開始日の繰り下げ」と「終了日の繰り上げ」、つまり育児休業期間を短くするものについては、法律では規定されていません。代替要員を確保する都合上、どちらも認めないとしてもかまいませんし、法律を上回って変更を認めることもできますが、あらかじめ取り扱いを就業規則等に明記しておくことが望ましいでしょう。

繰り上げ・繰り下げ変更のまとめ

	繰り上げ	繰り下げ
開始予定日	・特別の事情がある場合 ・１回のみ ・１週間前までに申出	規定なし
終了予定日	規定なし	・事由を問わない ・１回のみ（１歳までと１歳６ヵ月までは別カウント） ・１歳までの休業 １ヵ月前までに申出 ・１歳６ヵ月および２歳までの休業 ２週間前までに申出

育児休業の終了

育児休業の期間は、労働者の意思にかかわらず次の場合に終了します（育介法９条２項、育介則20条、21条）。

①次のいずれかにより子を養育しないこととなった場合
　イ）子の死亡
　ロ）子が養子の場合の離縁や養子縁組の解消
　ハ）子が他人の養子となったこと等による同居の解消
　ニ）労働者の負傷、疾病等により子が１歳（１歳６ヵ月および２歳に達するまでの育児休業の場合は１歳６ヵ月・２歳）に達するまでの間、子を養育できない状態となったこと
②子が１歳（または１歳６ヵ月・２歳）に達した場合
③育児休業をしている労働者について産前産後休業、介護休業または新たな育児休業が始まった場合

子を養育しないこととなった場合は、労働者はその旨を使用者に通知しなければなりません（育介法８条３項、９条３項）。

また、育児休業の開始前に子を養育しないこととなった場合は、育児休業の申し出はなされなかったことになります。

なお、祖父母に預けるなど一時的に子の養育をする必要がなくなった場合でも、そのことで育児休業が終了するとはされていません。労働者がその期間に一時的に就労することも、通達で許されていて、中断していた育児休業は、再開することができます。

育児休業は撤回することができる

育児休業の開始の前日までであれば、労働者は育児休業の申し出の撤回をすることができます。その場合、同一の子については、特別の事情がない限り再び育児休業の申し出をすることはできません（育介法８条１項、２項）。

撤回後、再び休業の申し出ができる「特別の事情」とは次の場合をいいます（育介則19条）。

①配偶者の死亡
②配偶者が負傷、疾病等により子の養育が困難な状態となったこと

③離婚等により配偶者が子と同居しないこととなったこと
④申し出の子が、負傷、疾病または身体上もしくは精神上の障害により、２週間以上の期間にわたり世話を必要とする状態になったとき
⑤申し出の子について、保育所における保育の実施を希望し、申し込みを行っているが、当面その実施が行われないとき（当初入所を予定していた保育所に入れない場合など）

１歳までの育児休業の申し出を撤回した場合でも、保育所に入所できないなどの事情があり、子が１歳（または１歳６ヵ月）に達する日において育児休業をしている配偶者と交代する場合には、１歳以降１歳６ヵ月（または１歳６ヵ月以降２歳）に達するまでの育児休業の申し出は可能です。

また、男性が妻の産後８週間の期間に育児休業を取得したときは、特に理由がなくても再度育児休業の取得が認められています（58ページ参照）。

2-4

育児休業③―期間雇用者の判断と特例

各制度の中で期間雇用者を対象外にできるのは、基本的に休業制度のみです。ただし、期間雇用者でも要件を満たせば休業制度の申し出ができます。なお、この要件は法改正により平成29年１月以降、大幅に緩和されています。

育児休業の対象となる期間雇用者とは

育児休業を取ることができる期間雇用者は、申し出の時点で、次のいずれにも該当する者です。

法改正により平成29年１月以降、期間雇用者でも多くの人が育児休業の対象となるよう大幅に緩和されています。

①同一の事業主に継続して雇用された期間が１年以上であること
②子が１歳６ヵ月（１歳到達から６ヵ月経過する日）までの間に契約が満了し、更新されないことが明らかでないこと

55ページで「労使協定がなくても当然に対象外となる人」として挙げた「一定の要件を満たさない期間雇用者」とは、この要件を満たさない者です。

①については、育児休業申出のあった日の直前１年間について、雇用関係が実質的に継続しているかどうかで判断します。数ヵ月の雇用契約を更新して勤続１年以上を満たすという形でもかまいません。契約更新に伴い就業場所の変更があった場合、年末年始や休日を数日空けて契約が更新されている場合でも、雇用期間は実質的に継続していると判断されます。

②については、労働契約の更新をしない旨が明示されている場合や、更新の可能性があっても更新回数の上限等が明示されている場合のことです。１歳６ヵ月（１歳到達から６ヵ月経過する日）までに労働契約が満了し、それ以上更新されないことが明らかな者については、育児休業を与えなくてよいことになっています。

実質的に「期間の定めのない契約」と変わらない場合

以上のように、期間雇用者については育児休業を申し出た時点で要件を満たしている場合だけ、育児休業の対象となります。

しかし、労働契約の形式上は期間雇用者であっても、有期契約を何度も更新して長年同じ職場で働いている場合など、実質的には期間の定めのない契約と変わらない状態となっている場合には、前述の要件に該当するかどうかにかかわらず、育児休業の対象となります。

指針および通達では、雇止め（有期契約の更新をしないこと）の可否が争われた裁判例で着目された点を列挙して、実質的に期間の定めのない契約と変わらない状態になっているかどうかを判断するとしています。

実質的に「期間の定めのない契約」とみなされる判断ポイント

①業務内容…恒常的か臨時的か、正社員と同一か等
②契約上の地位…基幹的か、非常勤などの臨時か等
③当事者の主観的態様…採用時の説明内容、継続雇用を期待させる言動等
④更新手続きの実態…反復更新の回数、勤続年数、更新手続きの厳格性等
⑤その他の労働者の更新状況…同様の地位にある他の労働者の更新状況等
⑥その他…勤続年数・年齢・更新回数等に上限が設定されていたか等

期間雇用者には休業にも特例がある

数ヵ月ごとに雇用契約を更新する期間雇用者は、たいてい子が1歳に達する日までに現在の雇用契約が満了するため、契約更新をすることになります。一方、育児休業については、まだ雇用契約が締結されていない期間についてまで申し出ることはできないと考えられているため、更新後の労働契約の期間について引き続き育児休業をしようとするときは、労働契約が更新された後に、改めて休業の申し出をする必要があります。

しかし法律では、育児休業の申し出を原則1回に制限しているため、一定の規定の適用を除外し、期間雇用者の雇用契約の更新に伴う申し出は、要件や回数の制限にかかわりなく、その度に行うことができます。1ヵ月前までに申し出なかった場合に使用者が休業開始予定日を変更できる規定

なども、この場合は適用されません（育介法５条７項、６条４項）。

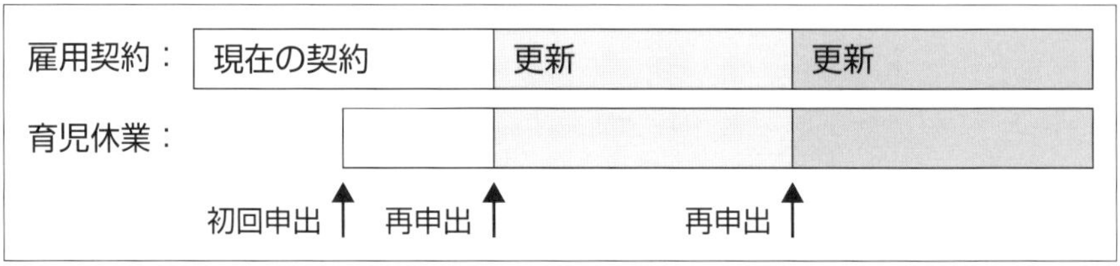

なお、更新前の労働契約の期間の末日と更新後の労働契約との期間の初日とが連続していない場合であっても、前後の労働契約が実質的に連続しているものと認められる場合には、この特例の対象になります。

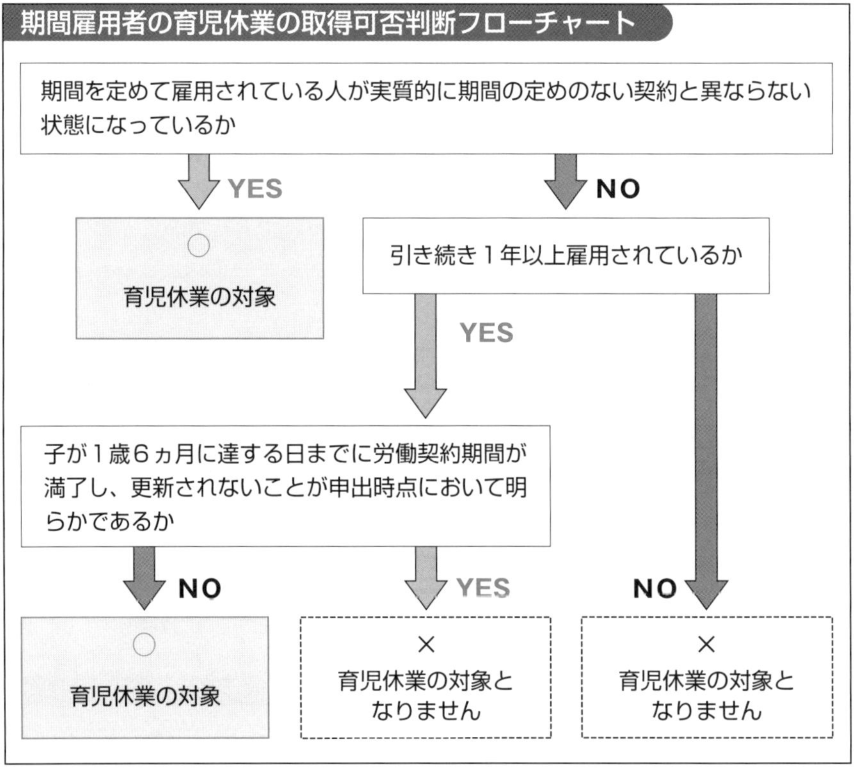

2-5 子の看護休暇

小さな子供はよく病気になります。働きながら子を育てる親は、職場に申し訳ない思いをしながら仕事を休まなくてはなりません。このようなことが、労働者の仕事を続ける妨げとならないよう子の看護休暇が設けられています。

負傷・疾病の子の世話をする看護休暇

小学校就学前の子を養育する労働者は、使用者に申し出ることにより、子の看護休暇を取得することができます(育介法16条の２)。子の看護休暇とは、負傷や疾病にかかった子の世話をするための休暇です。疾病の予防を図るために必要な「予防接種」「健康診断」などを受けるときも取得できます。子の看護休暇は特別な約束がない限り無給でかまいません。

子の看護休暇の付与日数は、１年度につき５日です。ただし、対象となる子が２人以上の場合は、年10日が限度となります。この付与日数は、看護休暇を申し出た時点の子の人数で判断されます。

なお、「１年度」とは、使用者が特に定めをしない場合、毎年４月１日から翌年３月31日をいいます。

子の小学校就学前までが対象

小学校就学前の子とは、具体的には６歳に達する日の属する年度の３月31日までです。

子の看護休暇の対象からは、「日々雇用される者」が除かれています。

また、次の労働者については、労使協定を締結することで、対象から除外することができます（育介法16条の３）。

①継続して雇用された期間が６ヵ月に満たない者
②１週間の所定労働日数が２日以下の者

1日単位または1時間単位で与える

令和3年1月より改正

これまで、子の看護休暇は「1日単位」または「半日単位」で付与することになっていました。

しかし子の看護休暇については時間単位で取得したいというニーズが多かったため、法改正により令和3年1月からは「1日単位」のほか「1時間単位」での取得も認めるように企業に義務付けられることになりました。就業時間の途中で取得する「中抜け」までは認める義務はありません。なお、「半日単位」の取得は廃止することが可能です。

時間単位で取得できる人は

「時間単位」の取得については所定労働時間にかかわらず取得を認める必要があります。所定労働時間が短い人は対象外などとすることはできません。

ただし、時間単位で取得することが困難な業務がある場合は、労使協定を締結することによってその業務を担当する労働者を対象外とすることができます。その場合、除外された人については従来どおり半日単位での取得を認めるなど、配慮するべきでしょう（5ページ参照)。

証明書類の提出

使用者は、労働者が看護休暇を申し出たとき、子が負傷や疾病にかかっている事実を証明する書類の提出を求めることができます（育介則30条2項)。ただし、証明書類の提出は事後を可能とするなど、労働者にあまり負担とならないよう配慮すべきとされています。

証明書類としては、医師の診断書などに限らず、例えば病院の診療や薬の領収書にするなど柔軟な取り扱いをするべきとされています。

子の看護休暇の申し出は、子の氏名・生年月日などを使用者に申し出て行うこととされています（育介則35条）が、子が病気のときなどは緊急を要することも多いため、当日の電話などによる申し出も認め、申出書類は後日提出してもらうといった対応も求められています（指針)。

2-6

時間外労働の制限

働きながら子の養育を行うための時間を確保できるようにするため、小学校就学前までの子を養育する一定範囲の労働者に、時間外労働があまり長時間に及ばないよう制限する制度が設けられています。

子を養育する者は時間外労働を制限できる

小学校就学前までの子を養育する労働者が、その子を養育するために請求した場合においては、「事業の正常な運営を妨げる場合」（51ページ参照）を除き、1ヵ月について24時間、1年について150時間を超える時間外労働をさせることはできません（育介法17条1項）。

時間外労働とは、労働基準法（36条1項）に規定する法定労働時間（1週間に40時間、1日に8時間）を超える労働をいいます。ただし、就業規則や時間外労働協定等で定めた時間外労働の上限時間が、1ヵ月について24時間、1年について150時間を下回る場合は、就業規則や時間外労働協定等で定めた時間外労働の上限時間が優先されます。

なお、変形労働時間制やフレックスタイム制の場合も対象となります。フレックスタイム制を取った場合に時間外労働と評価されるのは、清算期間における法定労働時間の総枠を超えた時間です。

子が小学校就学前までの労働者が対象

時間外労働の制限について、次の労働者は請求できません。

①日々雇用される者
②継続して雇用された期間が1年に満たない者
③1週間の所定労働日数が2日以下の者

妻が専業主婦であるなど、配偶者が常態として子を養育できる労働者も時間外労働の制限を請求することができます。

なお、労働基準法（41条）に規定する①農業等（別表1－6号、7号、林業を除く）、②管理監督者または機密の事務を取り扱う者、③監視・断続的労働に従事する者については、そもそも労働基準法上の労働時間の規定が適用されないため、時間外労働の制限の対象になりません。

使用者に請求する

制限の請求は、1回につき、1ヵ月以上1年以内の期間について、その開始の日および終了の日を明らかにして制限開始予定日の1ヵ月前までにしなければなりません。この請求は、何回でもすることができます。

なお、請求の際に、必要な事項は52ページのとおりです（育介則31条の4第1項）。

連続して時間外労働の制限を受ける例

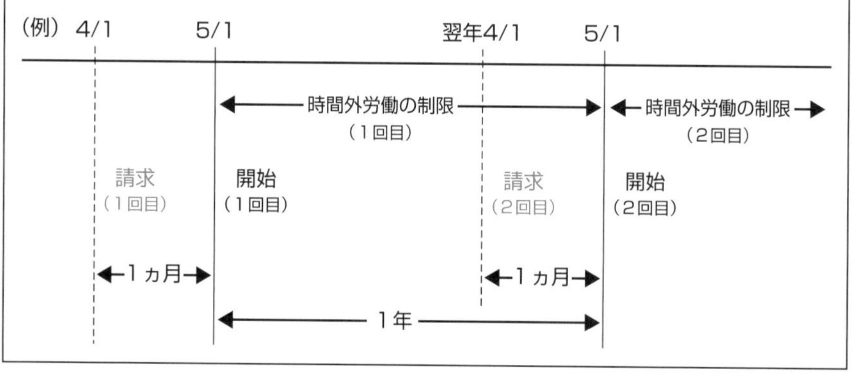

使用者は、労働者に対して請求に係る子の出生等を証明する書類の提出を求めることができます（育介則53条4項）。

時間外労働の制限の請求期間においては、1年150時間と1ヵ月24時間の両方の制限がかかりますが、労働者が1年未満の期間で請求した場合には、その請求期間内において150時間を超えないようにしなければなりません。

実務上のポイント！

具体的にどのような制限がかかるのか見てみましょう。

〈請求期間が７月10日～翌年３月31日の場合〉

次の３つすべての制限がかかります。

①期間全体について150時間を超えて労働時間を延長してはならない

②１ヵ月ごとに区分した期間ごとに24時間を超えて労働時間を延長してはならない

③最後の区切りの期間である翌年３月10日から３月31日まで（１ヵ月に満たない）についても、24時間を超えて労働時間を延長してはならない

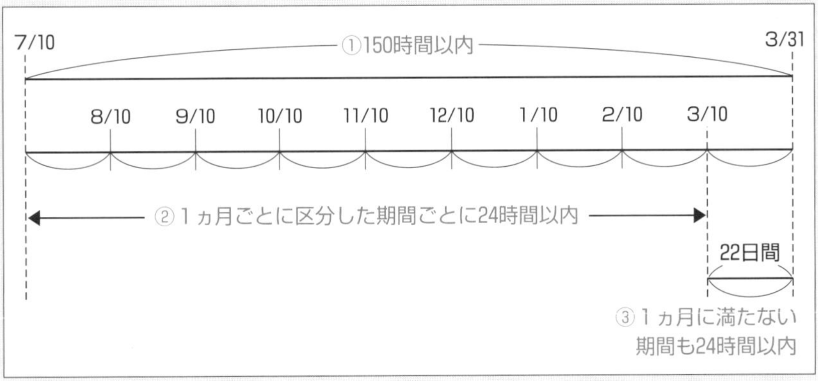

〈請求期間が６ヵ月以下の場合〉

請求期間が６ヵ月以下の場合には、１年150時間の時間制限の意味はありませんので、実質的に１ヵ月および最後の１ヵ月に満たない期間について24時間を超えて延長してはならないという制限がかかることになります。

時間外労働の制限の請求に係る制限期間は、「所定外労働の免除」（83ページ参照）の請求に係る免除期間と、一部または全部が重複しないようにしなければなりません。

子を養育しなくなれば終了する

時間外労働の制限の期間は、労働者の意思にかかわらず「子を養育しないこととなった場合」（53ページ参照）などに終了します。

なお、労働者が１年間について請求を行った場合であっても、時間外労働の制限の適用を受ける必要がなくなったときには、いつでも請求を撤回することができ、以後その適用を受けないことになります。

実務上のポイント！

時間外労働をさせるには、事業所ごとに、労使で「時間外・休日労働に関する協定（通称「36協定）」を締結する必要があります。この協定では、「１月１日」などの起算日を定めます。一方、時間外労働の制限を請求する際の制限期間は、通常、これと一致しないでしょう。

このようなことから、労働時間の管理が煩雑となるため通達では労働者に、両者の起算日が合致するようにして請求してもらうことが考えられるとしています。なお、労働者の意思に反して請求を強制することは許されないとしています。

2-7

深夜業の制限

深夜に子を保育する者がいなくなる場合などに対応するため、小学校就学前までの子を養育する一定の範囲の労働者について、深夜労働を制限する制度が設けられています。

請求により深夜の労働を制限する

使用者は、小学校就学前までの子を養育する労働者が、その子を養育するために請求した場合、「事業の正常な運営を妨げる場合」（51ページ参照）を除き、深夜（午後10時から午前５時まで）において、労働させてはなりません（育介法19条）。

この深夜の労働は、その時間が所定労働時間内であるかどうかは問いません。所定外労働の延長として深夜に及ぶことになった場合にも、請求できます。

子が小学校就学前までの労働者が対象

深夜業の制限について、次の労働者は請求できません。

①日々雇い入れられる者
②その使用者に継続して雇用された期間が１年に満たない者
③深夜においてその子を常態として保育することができる同居の家族がいる者
④１週間の所定労働日数が２日以下の者
⑤所定労働時間の全部が深夜にある者

「深夜においてその子を常態として保育することができる同居の家族」とは、16歳以上の同居の家族であって、次のいずれにも該当する者をいいます（育介則60条）。

①深夜に就業していないこと（深夜における就業日数が１ヵ月につい

て３日以下の場合を含む）
②負傷、疾病等により子の保育が困難な状態でないこと
③６週間（多胎妊娠の場合は14週間）以内に出産予定でなく、または産後８週間以内でないこと

「所定労働時間の全部が深夜にある」とは、所定労働時間の全てが午後10時から午前５時までの間にあることです。したがって、所定労働時間の一部だけ午後10時から午前５時までの間にある場合は該当しません。

労働基準法66条３項に規定する妊産婦の深夜業の制限は、母性保護の見地から設けられたものであり、妊産婦の深夜業の制限と育介法19条に規定する深夜業の制限は、その趣旨、目的が異なるものであることから、両者の要件に該当する労働者は、任意に選択して請求することができます。

使用者に請求する

制限の請求は、１回につき、１ヵ月以上６ヵ月以内の期間について、開始の日および終了の日を明らかにして**開始の日の１ヵ月前**までにしなければなりません。この請求は、何回でもすることができます。

連続して深夜業の制限を受ける例

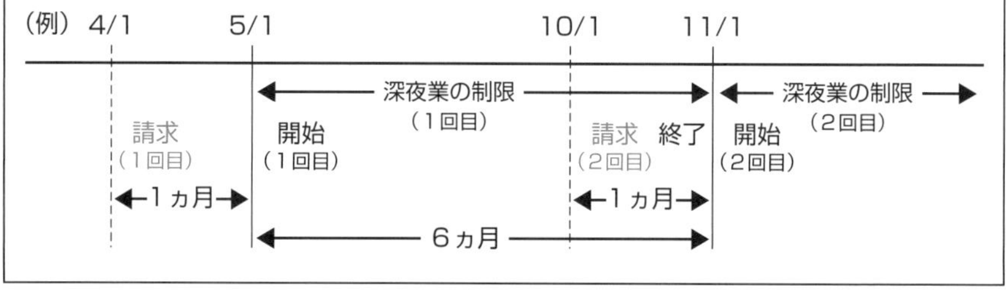

請求の際に必要な事項は52ページのとおりです（育介則62条１項）。

使用者は、労働者に対して請求に係る子の出生等を証明する書類の提出を求めることができます（育介則31条の13第４項）。

子を養育しなくなれば終了する

時間外労働の制限の期間は、労働者の意思にかかわらず「子を養育しないこととなった場合」（53ページ参照）などに終了します。

2-8 短時間勤務制度

短時間勤務制度は、育児しながら働く労働者にとって最もニーズが高い制度です。現在はすべての企業に導入が義務付けられています。

1日6時間とする措置を含むこと

使用者には、3歳に満たない子を養育する労働者が希望すれば利用できる短時間勤務制度を設けることが義務となります（育介法23条1項）。

短時間勤務制度とは、1日の所定労働時間を原則として**6時間とする措置を含む**ものとされました。1日の所定労働時間を6時間とする措置を設けた上で、他に、1日の所定労働時間を7時間とする措置や、隔日勤務等の所定労働日数を短縮する措置などを、あわせて設けることはできます。

なお、短縮された時間分を無給とすることは問題ありません。

> **実務上のポイント！**
>
> 既に短時間勤務制度が導入されている会社でも、7時間勤務とする制度のみでは違法になります。既存の制度を確認してみましょう。
>
> また、5時間勤務など、6時間よりも短い時間の制度だけでも不十分です。1日6時間とする措置は必ず設けなければなりません。

対象者から除外できる者

短時間勤務の対象外とできる者は、次のとおりです。

①日々雇い入れられる者
②勤務時間が1日6時間以下の労働者

※1ヵ月単位および1年単位の変形労働時間制を適用される労働者については、すべての労働日について6時間以下である者をいい、平均して6時間以下の者ではありません。

なお、労使協定により次の労働者を対象外にできます。

①引き続き雇用された期間が１年に満たない労働者
②１週間の所定労働日数が２日以下の労働者
③業務の性質または業務の実施体制に照らして、短時間勤務制度を講ずることが困難と認められる業務に従事する労働者

③「困難と認められる業務に従事する者」について、指針で次のような例示があります。

イ）国際路線等に就航する航空機の客室乗務員
ロ）労働者が少ない事業所の従事する労働者が著しく少ない業務
ハ）流れ作業方式による製造業で短時間勤務者を組み込むことができない業務、など

ただし、困難な業務として短時間勤務を適用しない場合は、これら除外した者について次のうちいずれかの措置を代わりに講ずる義務があります。

①育児休業に準ずる制度
②フレックスタイムの制度
③始業･終業時刻の変更（繰り上げまたは繰り下げ）制度（時差出勤）
④保育施設の設置運営その他これに準ずる便宜の供与（労働者からの委任を受けてベビーシッターを手配し、その費用を負担することなどを含む）

手続きに規制はないが取得は容易にできるように

法律では、特に手続き面の規制を設けていません。しかし、労働者がこれらの制度を容易に利用できるようにするべきとされています。

2-9

所定外労働の免除

「所定外労働の免除」は、育児しながら働く労働者にとってニーズが高い制度です。現在はすべての企業に導入が義務付けられています。

「時間外労働の制限」とどう違うのか

３歳に満たない子を養育する一定の労働者が請求した場合、使用者は、その労働者について所定労働時間を超えて労働させてはなりません（育介法16条の８）。

育児介護休業法には、「時間外労働の制限」という制度があります（75ページ参照）。これは「法定労働時間」を超えて労働させることについて、一般の労働者より少ない一定の時間に制限するものです。この場合、法定労働時間は１日８時間ですから、そもそも短時間勤務者の者にはあまりメリットがありません。これに対し、「所定外労働の免除」は「所定労働時間」を超えて一切労働させないものです。つまり、短時間勤務制度の利用によって所定労働時間が６時間となっている者については６時間を超えて労働させないということになり、その点が「時間外労働の制限」とは大きく違うのです。

「所定外労働の免除」「時間外労働の制限」ともに、「事業の正常な運営を妨げる場合」（51ページ参照）は、使用者は請求を拒むことができます。

３歳未満の子を養育する労働者が対象

所定外労働の免除の対象となるのは、３歳に満たない子を養育する労働者です。ただし、「日々雇用される者」は対象から除かれています。

また、次の労働者は、労使協定により所定外労働の制限の対象外とすることができます。

①引き続き雇用された期間が１年に満たない者
②１週間の所定労働日数が２日以下の者

なお、労働基準法（41条）に規定する①農業等（別表１－６号、７号、林業を除く）、②管理監督者または機密の事務を取り扱う者、③監視･断続的労働に従事する者については、そもそも労働基準法上の労働時間の規定が適用されないため、所定外労働の免除の対象になりません。

請求は１ヵ月前までにする

所定外労働の免除の請求は、１回につき、１ヵ月以上１年以内の期間について、開始の日および終了の日を明らかにして、開始の日の１ヵ月前までにしなければなりません。また、この請求は何回でもすることができます。所定外労働の免除の請求を、短時間勤務制度の利用期間と重複して請求することもできます。

ただし、所定外労働の免除の請求と、時間外労働の制限の請求は重複しないようにしなければなりません。

連続して所定外労働の免除を受ける例

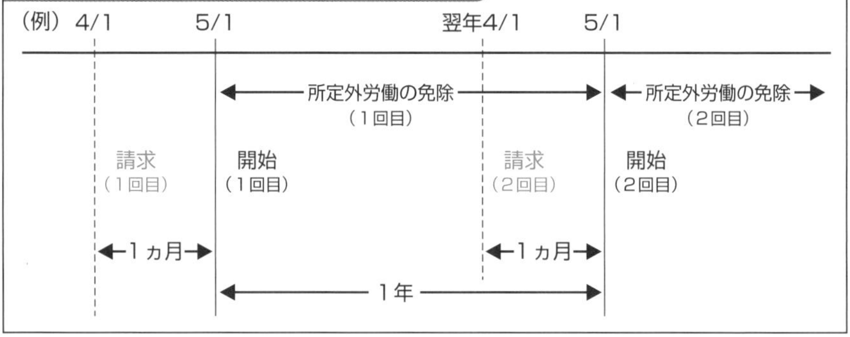

請求の方法と通知すべき事項は52ページのとおりです（育介則45条１項）。

子を養育しなくなれば終了する

所定外労働の免除の期間は、労働者の意思にかかわらず「子を養育しないこととなった場合」（53ページ参照）などに終了します。

2-10

始業時刻変更等の措置

小学校就学前までの両立支援制度として会社で実施可能なものを導入することが「努力義務」となっています。

養育する子の年齢に応じた措置

使用者は、小学校就学の始期に達するまでの子を養育する労働者について、労働者の区分に応じた必要な措置を講ずるよう努力しなければなりません（育介法24条１項）。

区分に応じた必要な措置は以下のとおりです。

１歳になるまで	１歳～３歳になるまで	３歳から小学校就学前まで
①フレックスタイム制 ②始業時刻変更等の措置 ③託児施設	①フレックスタイム制 ②始業時刻変更等の措置 ③託児施設 ④育児休業に関する制度	①フレックスタイム制 ②始業時刻変更等の措置 ③託児施設 ④育児休業に関する制度 ⑤短時間勤務制度 ⑥所定外労働の免除

②の「始業時刻変更等の措置」とは、始業・終業時刻の繰り上げ・繰り下げ（いわゆる「時差出勤」）を行うことをいいます。通達では、保育所への送迎の便宜等を考慮して行う必要があるとしています。

③の「託児施設」とは、企業内託児施設の設置その他これに準ずる便宜の供与を行うことをいいます。ベビーシッターの手配や費用負担なども含まれます。託児施設の設置運営は、企業が自ら行う場合と、他の企業に費用を支払って行う場合があり、通達では託児施設について児童福祉の観点から問題があってはならないとしています。

④の「育児休業に関する制度」とは、法律では原則１歳までである育児

休業を３歳あるいは小学校就学前まで取得できるようにする制度のことをいいます。

これらは努力義務であり、法に定める制度と必ずしも同一である必要はありませんが、労働者がその適用を受けるかどうかを選択できるものであることや、男女が対象となることなど、考え方を共通にする必要があると考えられます。

実務上のポイント！

例えば、３歳までは育児休業に関する制度、3歳から小学校就学前までは所定外労働の免除制度を設けるなど、子の年齢によって措置を組み合わせることも可能です。

育児目的休暇制度

使用者は、小学校就学の始期に達するまでの子を養育する労働者について、育児に関する目的で利用できる休暇制度を設けるよう努力しなければなりません。これは特に男性の育児参加を促進する目的で、平成29年10月より新設されたものです。

例えば、「配偶者出産休暇」や、入園式、卒園式などの行事参加も含めた育児にも利用できる多目的休暇などが考えられますが、いわゆる失効年次有給休暇の積立による休暇制度の一環として「育児に関する目的で利用できる休暇」を措置することも含まれます。

法令では休暇の日数や有休・無給の定めはありません。各企業の実情に応じて整備するとよいでしょう。

2-11 使用者のその他の配慮、措置など

育児介護休業法では、ここまで説明してきた内容以外にも、休業等が適切に実施されるよう使用者に努めるべき措置等を定めています。

育児休業等に関する就業規則等を作成し周知させる

使用者は、育児休業および介護休業に関して、あらかじめ、次に掲げる事項を定めるとともに、これを労働者に周知させるための措置を講ずるよう努めなければなりません（育介法21条１項）。

①育児休業および介護休業中における待遇に関する事項
②育児休業および介護休業後における賃金、配置その他の労働条件に関する事項
③子を養育しないこととなり育児休業が終了した場合、家族を介護しないこととなり介護休業が終了した場合の労務提供の開始時期
④労働者が介護休業期間中に負担すべき社会保険料を会社に支払う方法

法改正により平成29年10月からは、労働者やその配偶者が妊娠・出産したことを知ったときや、労働者が家族の介護をしていることを知ったときにも、これらを労働者に個別に周知するよう努力することとされています。

休業等の取り扱いを明示する

使用者は、労働者が育児休業申出または介護休業申出をしたときは、文書を交付することで、労働者に対し、取り扱いを明示するよう努めなければなりません（育介法21条２項）。

雇用管理等に関し必要な措置に努めること

育児休業および介護休業の申し出や再就業が円滑に行われるように、使

用者は、労働者の配置その他の雇用管理、育児休業または介護休業期間中の労働者の職業能力の開発および向上等について必要な措置を講ずるよう努力することとされています（育介法22条）。

配置に関し配慮すること

使用者は、労働者の転勤などの際、労働者の育児や介護の状況に配慮し、労働者が育児や介護を行うことが困難とならないよう配慮するものとされています（育介法26条）。

例えば、指針では次のような例示をしています。

①労働者の子の養育または家族の介護の状況を把握すること
②労働者本人の意向を斟酌すること
③就業場所の変更を行う場合は、子の養育または家族の介護の代替手段の有無の確認を行うこと

育児等の退職者への「再雇用特別措置」

使用者は、妊娠、出産、育児、介護を理由として退職した労働者について、必要に応じ、「再雇用特別措置」を実施するよう努力することとなっています（育介法27条）。この「再雇用特別措置」とは、退職の際に将来就業が可能になったときに再び雇用されることを申し出ていた者について、労働者の募集、採用に当たって特別の配慮をする措置をいいます。

「職業家庭両立推進者」を選任するよう努めること

使用者は「職業家庭両立推進者」を選任するよう努めることとされています（育介法29条）。職業家庭両立推進者の業務は、法令に定められた制度の有効な実施を図るための活動（企画立案、周知等）や、両立が図られるような企業風土づくりなどです。

2-12 実効性の確保のために

育児介護休業法の実効性を確保するため、紛争解決のための制度や罰則などが設けられています。

紛争解決制度

①苦情の自主的解決

使用者は、育児介護休業法に定める事項に関し、労働者から苦情の申出を受けたときは、労使により構成される苦情処理機関に苦情の処理をゆだねる等その自主的な解決を図るように努めなければなりません（育介法52条の2）。

苦情の自主的な解決を図るための方法としては、前述の苦情処理機関に苦情の処理をゆだねることによるほか、人事担当者による相談や、職業家庭両立推進者が選任されている事業所においてはこれを活用することが考えられます。

②都道府県労働局長による紛争解決の援助

育児介護休業法に定める事項についての紛争に関し、紛争の当事者である労働者、使用者の双方または一方からその解決について援助を求められた場合、都道府県労働局長が助言、指導または勧告を行うことができます（育介法52条の4）。

労働者が援助を申し出たことを理由として、使用者が解雇その他不利益な取り扱いをすることは禁止されます。

③調停制度

育児介護休業法に定める事項について、紛争の当事者である労働者、使用者の双方または一方から申請があった場合であって、都道府県労働局長がその紛争の解決に必要と認めたときは、新たに「両立支援調停会議」により調停が行えることになりました（育介法52条の5）。

両立支援調停会議とは、学識経験者などの専門家で構成される第三者機関で、必要に応じ当事者や参考人から意見を聴いた上で、調停案を作成し、当事者に対して受諾勧告を行うことができます。

労働者が調停の申請をしたことを理由として、使用者が解雇その他不利益な取り扱いをすることは禁止されています。

報告の徴収、助言、指導、勧告

厚生労働大臣は、育児介護休業法の施行に関し、必要があるときは、事業主に対して報告を求め、または助言、指導もしくは勧告を行うことができます（育介法56条）。

この権限は、厚生労働大臣が全国的に重要であると認めた事案を除き、都道府県労働局長に委任されています。

公表・罰則

①企業名公表制度

育児介護休業法の規定に違反している使用者に対して、厚生労働大臣が法違反の是正についての勧告をした場合に、その勧告を受けた使用者がこれに従わなかったときは、その旨を公表することができます（育介法56条の２）。

②過料

厚生労働大臣が育児介護休業法の施行に関し報告を求めた際に、報告をせず、または虚偽の報告をした者については、20万円以下の過料に処することができます（育介法66条）。

COLUMN

次世代育成法の改正

「次世代育成支援対策推進法」は、次代の社会を担う子どもが健やかに生まれ、育成される環境の整備を行うため、国と地方公共団体だけではなく、一定規模の企業にも支援を義務付けたものです。

▶一般事業主行動計画の策定・公表・周知を義務付け

この法律では、企業に対して「一般事業主行動計画」の策定・公表・従業員への周知を義務付けています。従業員数100人以下の企業については努力義務となっています。

	行動計画の策定・公表・周知
101人以上の企業	義務
100人以下の企業	努力義務

行動計画には、計画期間・目標・対策と実施時期を盛り込む必要があります。内容は社員のニーズや会社の現状に応じて設定します。例えば、男性の育児休業者が少ない企業では、次のような計画が考えられます。

目標（例）

平成○年までに、男性社員の育児休業取得率○％を達成する。

目標を達成するための対策

①○年度、育児休業を取りやすくするための人事制度を整備する。

②男性も育児休業が取れることの周知・啓発を○年から実施する。

計画は子育て中の社員を対象にしたものに限りません。全社員対象の残業時間削減や、来客向け託児室の設置など、地域の子育てに貢献する活動を設定することもできます。ポイントは、法令を上回る制度や取り組みを入れることです。

行動計画を策定し一定の要件を満たすと、厚生労働大臣の認定を受け、「認定マーク（愛称「くるみん」）を商品や広告などに付けてアピールすることができます。さらに高い基準を満たす企業には「プラチナくるみん」認定もあります。

第3章

社員の介護に関する実務と手続き

この章の内容は……

3-1

介護に関する労働法の概要

高齢化が進むことで、介護しながら働く労働者も急速に増えています。子を産み育てることができる環境の整備が急がれる一方、介護に関する環境の整備も、もう一方の大きな問題となっています。

介護をしながら働ける環境の整備を図る

急速に高齢化が進む我が国では、介護サービスなどの事業者の充実とともに、介護保険法によって社会基盤の整備が図られているところです。しかし、実の家族を自らの手で介護したいという人たちが多く、また、いまだ介護サービスの供給量が十分でないことなどから、仕事と介護を両立できる環境が求められています。

平成29年１月からは、介護休業の分割取得が可能になるなど使いやすい制度になっています。

育児休業の事項に準じて定められている

基本的に介護に関する事項は、育児に関する事項に準じています。育児と同様に、労働者が制度を利用するかどうかは、労働者自身の選択にゆだねられています。

介護休業の対象となる労働者とは

パートタイマーにも介護休業を与えなければならないのか、入社したばかりの者がいても深夜業の制限を認めなければならないのかなど、制度ごとに、対象者が定められています。

法律では、労使協定により対象外にできる労働者と、労使協定がなくても対象外となる労働者を定めていて、それ以外の労働者については全て制度を利用できる対象者になります。次のページの表を見ながらポイントを確認してみましょう。有期契約で雇用している人については、この要件に該当するかどうかの判断も育児休業に準じています（ただし、70ページの育児休業の要件②は「１歳６ヵ月（１歳到達から６ヵ月経過する日）まで」を「93日経過後から６ヵ月まで」と読み替えます）。

対象となる労働者一覧

○ 対象（請求されれば与える義務あり）　× 対象外　△ 労使協定があれば対象外
【注】一定の期間雇用者のみが対象となる（70、101ページ参照）

制度／対象となる労働者	休業	介護休暇	時間外労働の制限	深夜業の制限	所定労働時間の短縮等	所定外労働の免除
日々雇用される労働者	×	×	×	×	×	×
期間を定めて雇用される者	注	○	○	○	○	○
雇用された期間が１年未満の労働者	△	−	×	×	△	△
雇用された期間が６ヵ月未満の労働者	−	△	−	−	−	−
週の所定労働日数が２日以下の労働者	△	△	×	×	△	△
１日の所定労働時間が６時間以下の労働者	−	−	−	−	×	−
深夜に介護できる16歳以上の同居家族がいる労働者	−	−	−	×	−	−
所定労働時間の全部が深夜にあたる労働者	−	−	−	×	−	−
93日以内に雇用関係が終了することが明らかな労働者	△	○	○	○	○	○
参照項目	3-2	3-3	3-4	3-4	3-5	3-6

常時介護を必要とする状態に関する判断基準

育児介護休業法に定める「要介護状態」とは、２週間以上の期間にわたり常時介護を必要とする状態のことをいいます（介護保険制度における「要介護状態」と必ずしも一致するものではありません）。

「常時介護を必要とする状態」とは、以下の①または②のいずれかに該当する場合です。

①介護保険制度の要介護状態区分において要介護２以上
②表の①～⑫のうち、２が２つ以上又は３が１つ以上該当し、かつ、その状態が継続すると認められる

ただし、この基準に厳密に従うことにとらわれて労働者の介護休業の取得が制限されてしまわないように、事業主は柔軟に運用することが望まれます。

状態／項目	1	2	3
①座位保持（10分間一人で座っていることができる）	自分で可	支えてもらえればできる	できない
②歩行（立ち止まらず、座り込まずに5ｍ程度歩くことができる）	つかまらないでできる	何かにつかまればできる	できない
③移乗（ベッドと車いす、車いすと便座の間を移るなどの乗り移りの動作）	自分で可	一部介助、見守り等が必要	全面的介助が必要
④水分・食事摂取	自分で可	一部介助、見守り等が必要	全面的介助が必要
⑤排泄	自分で可	一部介助、見守り等が必要	全面的介助が必要
⑥衣類の着脱	自分で可	一部介助、見守り等が必要	全面的介助が必要
⑦意思の伝達	できる	ときどきできない	できない
⑧外出すると戻れない	ない	ときどきある	ほとんど毎回ある
⑨物を壊したり衣類を破くことがある	ない	ときどきある	ほとんど毎日ある
⑩周囲の者が何らかの対応をとらなければならないほどの物忘れがある	ない	ときどきある	ほとんど毎日ある
⑪薬の内服	自分で可	一部介助、見守り等が必要	全面的介助が必要
⑫日常の意思決定	できる	本人に関する重要な意思決定はできない	ほとんどできない

制度ごとの「申し出」と「請求」の違い

育児介護休業法に定める介護に関する制度には、「申し出」するものと、「請求」するものに分かれています。これは、使用者が業務の都合によって制度の適用を拒むことができるかどうかの違いです。

「申し出」する制度は、その申し出によって当然適用され、使用者は拒むことができません。一方「請求」するものは、「事業の正常な運営を妨げる場合」に使用者は拒むことができます。

「申し出」するものと「請求」するものを一覧にすると次のとおりです。

申し出	請　求
介護休業 介護休暇 所定労働時間の短縮等	時間外労働の制限 深夜業の制限 所定外労働の免除
拒むことができない	拒むことができる

労働者の請求を拒むことができる「事業の正常な運営を妨げる場合」に当たるかどうかは、その労働者の所属事業所で、その労働者の担当する作業の内容、繁閑、代替要員の配置の難易等、諸般の事情を考慮して客観的に判断すべきとされています。

例えば、同一時期に多数の専門性の高い職種の労働者が請求した場合に、通常考えられる相当の努力をしたとしても、なお事業運営に必要な業務体制を維持することが著しく困難な場合、「事業の正常な運営を妨げる場合」に当たると指針では例示しています。

複数の制度の共通点

制度の説明において、繰り返し出てくる共通の事項がありますので、ここで整理しておきましょう。

(1) 請求において必要な事項

労働者が各制度（「介護休業」および「介護休暇」の申し出を除く、また「所定労働時間の短縮等」の請求については、特に規定はありません。）の適用を請求する際は、使用者に次の事項を通知して行う必要があります。

①請求の年月日
②請求をする労働者の氏名
③請求に係る対象家族の氏名、労働者との続柄
④請求に係る対象家族が要介護状態にあること
⑤制限を開始しようとする日および制限を終了しようとする日

※深夜業の制限の場合のみ⑥が「深夜においてその対象家族を常態として介護することができる同居の家族がいないことの事実」となります。

（2）制度の終了事由

各制度は、労働者の意思にかかわらず次の場合に終了します。

①対象家族を介護しないこととなった場合
②時間外労働の制限を受けている労働者について産前産後休業、育児休業または介護休業が始まった場合

「対象家族を介護しないこととなった場合」とは、具体的には次の場合をいいます（育介則30条）。

①対象家族の死亡
②離婚、婚姻の取消、離縁等による対象家族との親族関係の消滅
③労働者が負傷、疾病等により制限を終了しようとする日までの間対象家族を介護できない状態になったこと

COLUMN

家族を介護する労働者の現状

家族の介護は、家庭環境や家族構成などにかかわらず、あらゆる家庭で突然に始まる可能性があります。

日本は世界的な長寿国です。しかも、高齢者の割合が高い超高齢社会となっていて、いつ、誰が介護にかかわっても不思議ではない時代を迎えています。

家族の介護は想像以上の苦労を伴い、精神的にも、肉体的にも辛い日々が訪れます。寝たきりのときは、床ずれを防ぐために数時間おきに体の向きを変えさせる。認知症や徘徊があれば目を離すことができない。食事をうまく食べられなくなれば１食を食べさせるだけで１時間以上かかる。このようなことから、愛する家族を虐待してしまうケースも少なくないといいます。

現在、平成12年４月に施行された介護保険法によって、市町村が保険者となり、各種介護サービスが行われていますが、サービスの基盤整備がいまだ十分ではなく、特別養護老人ホームの入所待機者の問題にみられるように、必要なときに必要なサービスを十分に受けられないケースが少なくありません。また、行政に頼らず自ら家族の介護をしたいという人も多いのです。

▶家族を介護する労働者への支援と企業の役割

一定要件を満たす労働者は、介護休業を取得することができます。

しかし、実際に家族が脳卒中などで急に倒れ、介護の必要に迫られたとき、多くの労働者は仕事を辞めて介護に専念しようとします。会社に迷惑をかけられない。あるいは、家族のことを考えるのが精一杯で仕事のことまで気が配れない状態になってしまいます。

しかしながら、介護を続けていくには生活基盤が大切です。介護のために職を失わせてしまうのではなく、可能な限り安定した介護環境を整えるため、企業も協力することが社会全体として求められているのです。もちろん企業にとっても、介護への対応が経営の重要課題といえます。家族が要介護者になるのは、40～50代といった企業の幹部となる人達の年齢に多いのです。突然の介護で大切な社員を失うことは、大きな損失です。いつ、誰が介護休業に入っても、適切な対応がとれるようにすることが企業の競争力の強化にもかかわってくるのです。

3-2 介護休業

家族介護のための中心的な制度が「介護休業」です。育児休業の制度と基本的な仕組みは似ていますが、介護が必要になる事態は育児などより突発的に生じることが多いため、制度の詳細は少しずつ異なります。その点に注意して見て下さい。

家族の介護のための休業とは

「介護休業」とは、負傷、疾病、身体上もしくは精神上の障害により、2週間以上の期間にわたり常時介護を必要とする状態（95ページ参照）にある対象家族を介護するためにする休業をいいます（育介法２条２号、３号、育介則２条）。

介護休業の期間は、原則として対象家族１人につき、１の要介護状態ごとに１回、通算93日とされていましたが、「１の要介護状態ごとに１回」という部分が改正され、平成29年１月以降は「３回」を上限として分割取得できることになっています。

また、休業期間は、「介護のための所定労働時間の短縮等の措置」（111ページ参照）とあわせて93日が上限とされていましたが、この点も改正され、短時間勤務等の有無にかかわらず介護休業単独で93日まで利用できます（育介法11条２項）。

育児休業と同様に、介護休業をする労働者は、その間の労働を免れ、使用者は賃金を支払う義務がなくなります。

使用者は、一定の要件を満たす労働者から介護休業の申し出がなされた場合、これを拒むことはできません。また、一定の要件を満たす申し出については、その取得時季の変更はできません。これ以降、基本的に育児休業と仕組みは同様です。

要介護状態の対象家族がいる者が取れる

この法律の「介護休業」を取ることができるのは、要介護状態にある対象家族（育介法２条３号、育介則２条）を介護する男女労働者です。

対象家族の範囲

①配偶者（事実上婚姻関係と同様の事情にある者を含む）
②父母、子、配偶者の父母
③祖父母、兄弟姉妹、孫

（1）労使協定がなくても当然に対象外となる人

次の者は、介護休業の対象から除外されています。

①日々雇い入れられる者
②期間雇用者（ただし、申出時点において、次のいずれにも該当すれば介護休業を取ることができる）
　イ）同一の事業主に引き続き雇用された期間が１年以上であること
　ロ）介護休業開始予定の日から起算して93日を経過する日から６ヵ月を経過する日までの間に、労働契約期間が満了することが明らかでないこと

実務上のポイント！

例えば、４月１日が介護休業開始予定日の場合、93日を経過する日は、７月２日になります。この場合の「93日経過日から６ヵ月を経過する日」は、12月１日になります。

（2）労使協定で対象外とできる人

労使協定があるときは、次の労働者について介護休業の対象から除外することができます（育介法12条２項、育介則24条）。

①その事業主に継続して雇用された期間が１年に満たない者
②申出の日から93日以内に雇用関係が終了することが明らかな者
③１週間の所定労働日数が２日以下の者

期間雇用者についての考え方は、育児休業の場合（70ページ）と同じです。

労働契約の形式上は期間雇用者であっても、その契約が期間の定めのない契約と実質的に異ならない状態となっている場合、介護休業の対象となります。その判断に当たっての留意事項は、(期間の定めなしと認められる場合（71ページ)）で説明したとおりです。

申し出は３回まで可能

以前は、特別の事情がない限り「対象家族１人」につき、「１つの要介護状態ごとに１回」の申し出であり、連続したひとまとまりの期間の休業とされていました。

しかし、１回しか取得できない場合、「いつ取得するべきか」とタイミングを悩み利用しづらいという問題点があったため、法改正が行われました。介護の始期、終期、その間の期間にそれぞれ対応するという観点から、平成29年１月以降は**３回までの分割取得**が可能となっています。休業期間はこれまでと変わらず**「通算93日」が上限**となっています。

申出書を提出して行う

介護休業の申し出は、次の事項を使用者に申し出ることによって行わなければなりません（育介則23条)。

①申出の年月日 ②労働者の氏名 ③申出に係る対象家族の氏名、労働者との続柄 ④申出に係る対象家族が要介護状態にあること ⑤休業を開始しようとする日および休業を終了しようとする日 ⑥申出に係る対象家族についてのこれまでの介護休業等日数

※期間雇用者が雇用契約更新に伴って申し出をする場合① ② ⑤のみ。

証明書類の提出

事業主は、労働者に対して申し出に係る対象家族が要介護状態にあること等を証明する書類の提出を求めることができます（育介則23条３項)。

事業主による休業期間等の通知

労働者から介護休業の申し出があったとき、事業主は速やかに（おおむね１週間以内に）次の事項について労働者に通知しなければなりません。

①介護休業の申出を受けた旨
②介護休業開始予定日および介護休業終了予定日
③介護休業を拒む場合にはその旨およびその理由

②について、申し出が遅れたため事業主が開始日を指定する場合は、その指定日を通知します。通知は書面によるほか、労働者が希望する場合はファックスや電子メールでもかまいません。

休業開始日の２週間前までに申し出る

労働者は、介護休業を開始しようとする日の２週間前までに申し出ることが必要です。

休業を開始しようとする日が申し出の日の翌日から２週間を経過する日（申し出の日の属する週の翌々週の応当日）より前の日のときは、使用者は、労働者が休業を開始しようとする日と申し出の日より２週間経過日までの間のいずれかの日を休業開始日として指定することができます（育介法12条３項）。

休業の申し出と使用者による指定

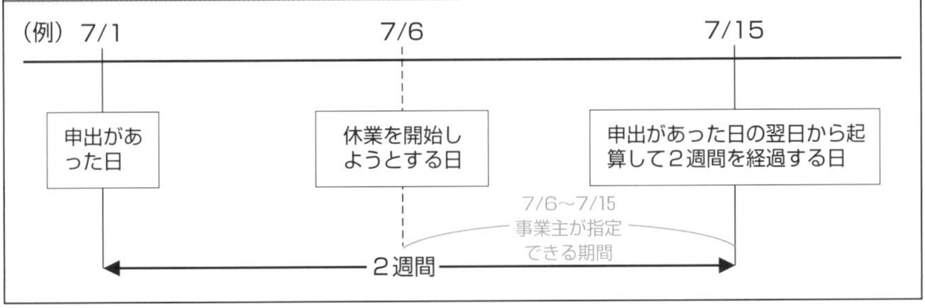

なお、使用者が介護休業の開始日を指定する場合は、原則として、申し出があった日の翌日から３日を経過する日まで（例えば７月１日に申し出

があった場合７月４日まで）に指定日を記載した書面を労働者に交付して行わなければなりません。申し出の日と休業開始予定日との間が短いことにより、これに間に合わないときは、労働者が休業を開始する日までに指定しなければなりません（育介則26条）。

終了日の繰り下げ

労働者は、一定の時期までに申し出ることにより、事由を問わず、１回の申し出ごとの休業につき１回に限り休業を終了する日を繰り下げ変更し、介護休業の期間を延長することができます。

労働者が、介護休業を終了する日の繰り下げ変更をする場合は、当初介護休業を終了しようとしていた日の２週間前までに変更の申し出をしなければなりません（育介法13条、育介則27条）。

終了日の繰り下げ

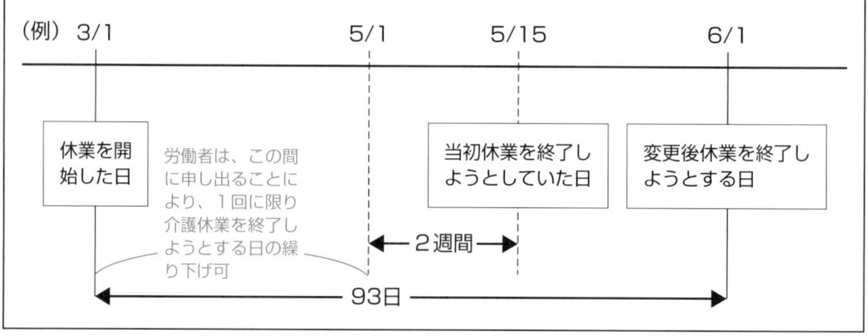

また、介護休業を終了する日の繰り下げ変更は、次の事項により申し出が必要です（育介法13条、育介則28条）。

①変更の申出の年月日
②変更の申出をする労働者の氏名
③変更後休業を終了しようとする日

このように介護休業は、「終了日の繰り下げ」は規定されていますが、「開始日の繰り上げ・繰り下げ」、「終了日の繰り上げ」の変更は、規定されていません。これは育児休業と異なります（65ページ）。

そのため、法律に規定のないケースについては、労働者が希望した場合には休業期間を変更できるのか、またその手続等をあらかじめ就業規則等で明記しておくことが望ましいとされています。

繰り上げ・繰り下げ変更のまとめ

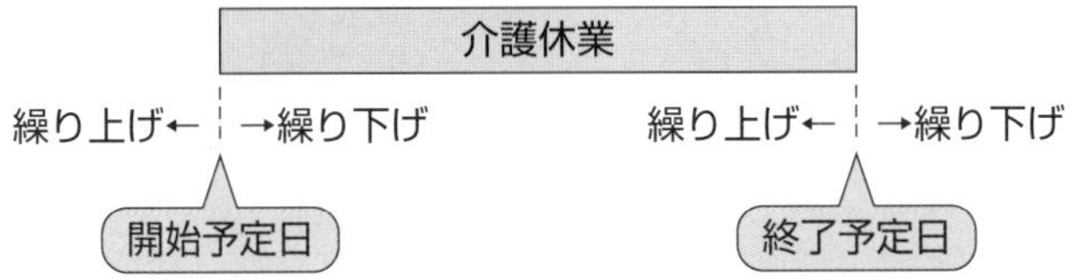

	繰り上げ	繰り下げ
開始予定日	規定なし	規定なし
終了予定日	規定なし	・事由を問わない ・１回のみ―2週間前までに申出

介護休業の終了

介護休業は、次の場合に終了します（育介法15条３項、育介則30条）。

①労働者が介護休業の申出に係る対象家族を介護しないこととなった場合
　イ）対象家族の死亡
　ロ）離婚、婚姻の取消、離縁等による対象家族との親族関係の消滅
　ハ）労働者が負傷、疾病等により対象家族を介護できなくなった
②介護休業をしている労働者について産前産後休業、育児休業または新たな介護休業が始まった場合

なお、介護休業は、その開始前に対象家族を介護しないこととなった場合、申し出がなされなかったことになります。また、対象家族を介護しないこととなった場合、労働者はその旨を使用者に通知しなければなりません（育介法15条４項）。

介護休業の撤回

介護休業の開始の前日までであれば、労働者は介護休業の申し出ごとに、介護休業の申し出を撤回することができます。ただし、同じ対象家族について２回連続して介護休業の申し出を撤回した場合には、事業主はそれ以降の介護休業の申し出を拒むことができます（育介法14条１、２項）。

図のように、１回目の申し出を撤回した後、２回目の申し出による介護休業を取得すれば（１回目の介護休業取得）、３回目の申し出も事業主から拒まれることはありません。しかし、２回目の申し出も撤回した場合には、３回目以降の申し出については、事業主は拒むことができます。

介護休業の申し出と撤回について

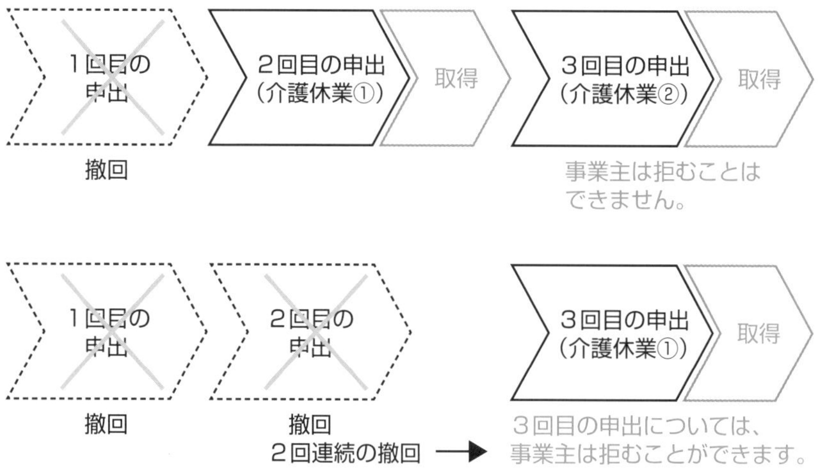

期間雇用者の特例

期間雇用者が介護休業をする場合、育児休業と同様に、現在締結されている労働契約期間の末日まで休業した後、労働契約の更新に伴って更新後の労働契約期間の初日を介護休業開始予定日とする申し出をするときは、再度の申し出をすることができます。

3-3 介護休暇

病院の付き添いなどには、まとまった日数の「介護休業」よりも、１日単位で休める「介護休暇」が労働者にとって利用しやすいようです。改正により「時間単位」での取得も認めるよう義務付けられます。

介護のために１日ずつ取得できる休暇制度

家族の介護を行う労働者は、使用者に申し出ることにより１日単位で利用できる「介護休暇」を取得することができます。

取得できる日数は、対象家族が１人の場合は１年度につき５日、２人以上の場合は年10日が限度です（育介法16条の５）。「１年度」とは、使用者が特に定めをしない場合、毎年４月１日から翌年３月31日をいいます。

介護休暇については特別な約束がない限り無給でかまいません。

介護休暇を取得できる者

対象となるのは、要介護状態にある対象家族の介護等を行う労働者です。「要介護状態」「対象家族」の定義は「介護休業」と同じです。「対象家族の介護等」とは、次のとおりです（育介則38条）。

①対象家族の介護
②対象家族の通院等の付き添い、対象家族が介護サービスの提供を受けるために必要な手続きの代行その他の対象家族に必要な世話

介護休暇を取得できる労働者からは、「日々雇用される者」が除かれています。また、次の労働者については、労使協定を締結することで、対象から除外することができます。

①継続して雇用された期間が６ヵ月に満たない者
②１週間の所定労働日数が２日以下の者

実務上のポイント！

要介護状態にある家族の介護や世話に限られます。いつもは元気な老親が風邪で寝込んだときの看病などは対象となりません。

1日単位または1時間単位で与える

令和３年１月より改正

これまで、介護休暇は「1日単位」または「半日単位」で付与することになっていました。

しかし労働者のニーズをふまえて、法改正により令和３年１月からは「１日単位」のほか「１時間単位」での取得も認めるように企業に義務付けられることになりました。就業時間の途中で取得する「中抜け」までは認める義務はありません。なお、「半日単位」の取得は廃止することが可能です（５ページ参照）。

時間単位で取得できる人は

「時間単位」の取得については所定労働時間にかかわらず取得を認める必要があります。所定労働時間が短い人は対象外などとすることはできません。

ただし、時間単位で取得することが困難な業務がある場合は、労使協定を締結することによってその業務を担当する労働者を対象外とすることができます。その場合、除外された人については従来どおり半日単位での取得を認めるなど配慮するべきでしょう。

証明書類の提出

使用者は、労働者が看護休暇を申し出たとき、事実を証明する書類の提出を求めることができます（育介則40条２項）。ただし、あまり労働者に過重な負担を求めることにならないよう配慮することとされています。

3-4

介護のための時間外労働の制限・深夜業の制限

働きながら家族の介護を行う労働者について、時間外労働があまり長時間に及ばないように制限する制度が設けられています。これらは、育児に関する制度と基本的な仕組みは同じです。ここでは異なる部分を中心に概要を説明します。

家族介護のための時間外労働の制限

使用者は、要介護状態にある対象家族を介護する労働者が、その対象家族を介護するために請求した場合においては、「事業の正常な運営を妨げる場合」を除き、1ヵ月について24時間、1年について150時間を超える時間外労働をさせてはなりません（育介法18条）。

この時間外労働の制限は、「日々雇用される者」は請求できません。また、次のような労働者は請求できません。

①継続して雇用された期間が１年に満たない者
②１週間の所定労働日数が２日以下の者

深夜業の制限

使用者は、要介護状態にある対象家族を介護する労働者が、その対象家族を介護するために請求した場合においては、「事業の正常な運営を妨げる場合」を除き、深夜（午後10時～午前５時までの間）において労働させてはなりません（育介法20条）。

ただし、次の労働者は請求できません。

①継続して雇用された期間が１年に満たない者
②深夜においてその対象家族を常態として介護することができる同居の家族がいる者
③１週間の所定労働日数が２日以下の者
④所定労働時間の全部が深夜にある者

「深夜においてその対象家族を常態として介護することができる同居の家族」とは、次のいずれにも該当する16歳以上の同居の家族をさします（育介則65条）。

①深夜に就業していないこと（深夜における就業日数が１ヵ月について３日以下の場合を含む）
②負傷、疾病等により対象家族の介護が困難な状態でないこと
③６週間（多胎妊娠の場合は14週間）以内に出産予定でなく、または産後８週間以内でないこと

使用者に請求する

時間外労働の制限の請求は、１回につき１ヵ月以上１年以内、深夜業の制限の請求は、１回につき１ヵ月以上６ヵ月以内の期間について、その開始の日および終了の日を明らかにして**制限開始予定日の１ヵ月前まで**にしなければなりません。この請求は、何回でもすることができます。

なお、請求の際の必要な事項は97ページのとおりです（育介則57条）。使用者は、労働者に対して請求に係る家族介護の申出事項等を証明する書類の提出を求めることができます（育介則57条４項）。

家族を介護しなくなれば終了する

時間外労働の制限の期間は、労働者の意思にかかわらず「家族を介護しないこととなった場合」（98ページ参照）などに終了します。

なお、労働者が１年間について請求を行った場合であっても、時間外労働の制限の適用を受ける必要がなくなったときには、いつでも請求を撤回することができ、以後その適用を受けないことになります。

対象家族を介護しないこととなった場合、労働者はその旨を使用者に通知しなければなりません。

3-5

介護のための所定労働時間の短縮等の措置（選択的措置義務）

働きながら家族の介護を行うことを容易にする措置として４つのうちいずれかの措置を講じなければなりません。改正により措置を利用できる期間が大幅に長くなっています。

就業しつつ介護を行うことを容易にする措置

使用者は、要介護状態にある対象家族を介護する労働者について、就業しつつ対象家族の介護を行うことを容易にする措置として、所定労働時間の短縮等の措置を講じなければなりません（育介法23条３項)。

３年間利用可能

以前は、この措置を講じなければならない期間は、１つの要介護状態について93日以上、しかも介護休業の取得日数と合わせて93日とされていました。

しかし平成29年1月の法改正により、介護休業とは別に「連続する３年間以上の期間」と大幅に長くなっています。回数については、利用開始から３年間以上の間で２回以上の利用を可能としなければなりません（④の介護サービス費用助成を除く）（育介則74条３)。

措置を利用できる者

この措置については、「日々雇用される者」と「１日の所定労働時間が６時間以下の者」は対象となりませんが、期間を定めて雇用される者は対象となります。また、介護休業に準じて、労使協定で次の労働者は対象から除外することができます。

①継続して雇用された期間が１年に満たない者
②１週間の所定労働日数が２日以下の者

大幅に延長された所定労働時間の短縮等の措置

（例１）

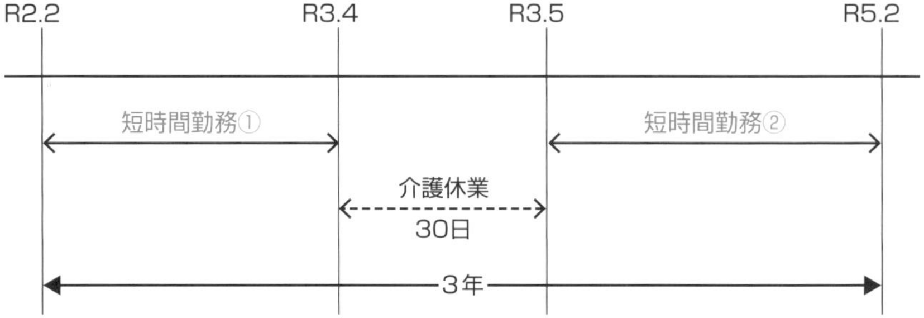

介護休業を、介護のための所定労働時間の短縮措置の間に挟んで取得することも可能です。

（例２）

介護のための所定労働時間の短縮措置は、制度上、２回以上利用できるようにすればよく、労働者が望む場合は、上記のような利用もすることが可能です。

少なくともいずれか１つの措置を実施

この措置は、次のいずれかの方法により講じなければなりません（育介則74条３項）。

①短時間勤務の制度

イ）１日の所定労働時間を短縮する制度

ロ）週または月の所定労働時間または日数を短縮する制度

ハ）労働者が個々に勤務しない日または時間を請求することを認める制度

②フレックスタイム制

③始業・終業時刻の繰り上げ･繰り下げ

④労働者が利用する介護サービスの費用の助成その他これに準ずる制度

「短時間勤務の制度」の場合、具体的には、所定労働時間が８時間の場合は２時間以上、７時間の場合は１時間以上の短縮が望ましいとされています。

使用者は、要介護状態にある対象家族を介護する労働者について前述の措置のうち少なくとも１つを講ずれば足り、労働者の求めの都度これに応じた措置を講ずることまで義務付けられているわけではありません。

3-6 介護のための所定外労働の免除

「所定外労働の免除」は、働きながら家族の介護を行う労働者からニーズの高い制度です。平成29年１月より義務化されています。

介護のための「所定外労働の免除」

所定外労働の免除は、働きながら育児や介護を行う労働者からニーズの高い制度ですが、以前は育児についてのみこの制度が設けられ、介護を行う労働者については所定外労働の免除制度はありませんでした。

しかし法改正により、平成29年１月以降は、要介護状態にある対象家族を介護する労働者が請求した場合、使用者は、その労働者について所定労働時間を超えて労働させてはならないこととなっています（育介法16条の9）。

「時間外労働の制限」とどう違うのか

介護中の労働者については「時間外労働の制限」という制度があります（109ページ参照）。これは、１日８時間、週40時間の「法定労働時間」を超えて労働させることについて、一般の労働者より少ない一定の時間に制限するものです。時間外労働が全く無いわけではありませんし、１日５時間など短時間勤務で働いている者にはあまりメリットがありません。

これに対し、「所定外労働の免除」は「所定労働時間」を超えて一切労働させないものです。所定労働時間が５時間となっている者であれば５時間を超えて労働させないということになります。

ただし、事業の正常な運営を妨げる場合には、事業主は請求を拒否することができます。

所定外労働の免除を利用できる者

所定外労働の免除については「日々雇用される者」は対象となりません

が、期間雇用者は対象となります。

また、次の労働者は、労使協定により対象外とすることができます。

①継続して雇用された期間が１年に満たない者 ②１週間の所定労働日数が２日以下の者（省令案）

なお、労働基準法（41条）に規定する①農業等（別表１－６号、７号、林業を除く）、②管理監督者または機密の事務を取り扱う者、③監視･断続的労働に従事する者については、そもそも労働基準法上の労働時間の規定が適用されないため、所定外労働の免除の対象になりません。

請求は１ヵ月前までにする

所定外労働の免除の請求は、１回につき、１ヵ月以上１年以内の期間について、開始の日および終了の日を明らかにして、**開始の日の１ヵ月前**までにしなければなりません。この請求は何回でもすることができます。所定外労働の免除の請求を、所定労働時間の短縮等の措置（111ページ参照）の利用期間と重複して請求することもできます。

ただし、所定外労働の免除の請求と、時間外労働の制限の請求は重複しないようにしなければなりません。

家族の介護をしなくなれば終了する

所定外労働の免除の期間は、労働者の意思に関わらず「対象家族を介護しないこととなった場合」（105ページ参照）などに終了します。

COLUMN

介護保険の認定者と受給者の状況──介護保険事業状況報告から

厚生労働省は、介護保険事業の実施状況について、全国の市町村などの保険者から受けた報告の数値を集計し、「介護保険事業状況報告」を公表しています。平成30年度の年報から代表的な数字を拾ってみると、次のような状況となっています。

▶認定者数とサービス受給者数ともに年々増加している

平成30年度末の要介護（要支援）認定者の数は、658万人となり、グラフのように年々増加しています。

認定者数(年度末現在)の推移（単位：万人）

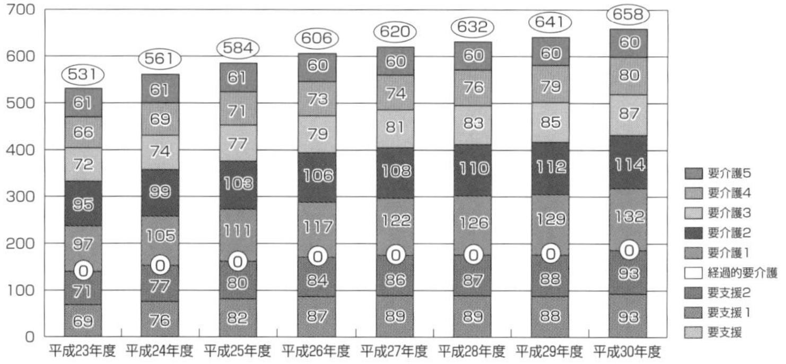

居宅介護（介護予防）サービス受給者の数は、総数4,489万人（平成30年度累計）、１ヵ月当たり平均でみると総数で374万人となります。

施設介護サービス受給者の数は、総数1,129万人（平成30年度累計）となっています。１ヵ月当たり平均では、介護老人福祉施設54万人、介護老人保健施設36万人、介護療養型医療施設４万人、総数94万人となります。

認定者、介護サービス受給者は年々増加している中、特別養護老人ホームなどの入所施設は大幅に不足しており、国は在宅医療・在宅介護を推進する方針を掲げています。

第4章

解雇・不利益な取り扱いの禁止と実務

この章の内容は……

4-1

妊産婦の解雇は原則無効

近年、妊娠や育児休業の取得等を理由に解雇などの不利益な取り扱いを受けたという相談が増えています。妊産婦の解雇などは特に慎重に検討されるべきものです。

産休期間とその後30日間は解雇が制限される

女性労働者が産前産後休業中の期間およびその後30日間は、使用者はその労働者を解雇することはできません（労基法19条）。これは労働基準法による非常に強い禁止規定です。例えば、会社が経営難に陥っている場合や、業務上横領など明らかに労働者側に責任があり懲戒解雇に当たるような場合でも、この期間は絶対に解雇が許されません。唯一認められるのは、天災事変その他やむを得ない事由のために事業の継続が不可能となり、その事由について労働基準監督署長の認定を受けたときだけです。「やむを得ない事由」に該当するのは、会社が火災で焼失した場合や、震災による倒壊で事業の継続が不可能となった場合などです。

法律では、産前６週間、産後８週間の産休が取れることになっていますが、そのうち労働者本人が希望すれば就業できる期間もあります（34ページ参照）。前述した解雇禁止は、法律で認められた産休期間のうち実際に休業した期間とその後30日間について適用されます。

なお、派遣の場合、労働契約と派遣契約は別のものですから、派遣先が産休中に派遣スタッフの契約を解除することは、労働基準法上は問題ありません。しかし、契約を解除されたとしても、派遣元がその派遣スタッフを上記の期間中に解雇することはできません。

妊産婦の解雇は理由の証明が必要になる

均等法では、女性労働者の「婚姻・妊娠・出産」を理由として解雇やその他の不利益な取り扱いをすることを禁止し、あらかじめこれらを退職理由として予定しておくことも禁じています。

また、妊娠中または産後１年を経過していない女性労働者については、さまざまな理由をつけて解雇することを防ぐため、解雇を原則無効とし、使用者側が、妊娠・出産・産休取得等を理由とする解雇ではないことを証明した場合に限り有効になるとしています（均等法９条４項）。

この規定についても労働契約と派遣契約は別のものという理由から、派遣先が契約解除を行う際には適用されません。ただし、妊娠等を理由に派遣スタッフの契約を解除することは、次項で説明する不利益な取り扱いにあたり、禁止されています。つまり、禁止されてはいますが、妊娠等が理由でないことを派遣先が証明しない限り派遣契約の解除ができないという定めはない、というものです。

解雇理由の証明と有効性の判断

解雇理由の証明はどうやって行い、どう有効性を判断するのでしょうか？　均等法のこの規定は解雇の民事的な効力を定めたものですから、解雇理由の証明は民事の一般原則に従って当事者間で行われるべきものです。使用者側が本人に対して解雇理由を説明し、本人が納得すれば解雇は有効となります。しかし、納得しない場合は、使用者が訴訟を起こして裁判等で有効性を判断してもらう必要があるでしょう。

解雇が有効とされない限りは、労働契約は継続していますから、賃金の支払い義務が生じます。実際に就業させていなくても、使用者側の都合で休業させていることになるため、平均賃金の６割以上を休業手当として支払う必要があるでしょう。

妊産婦の解雇のルール

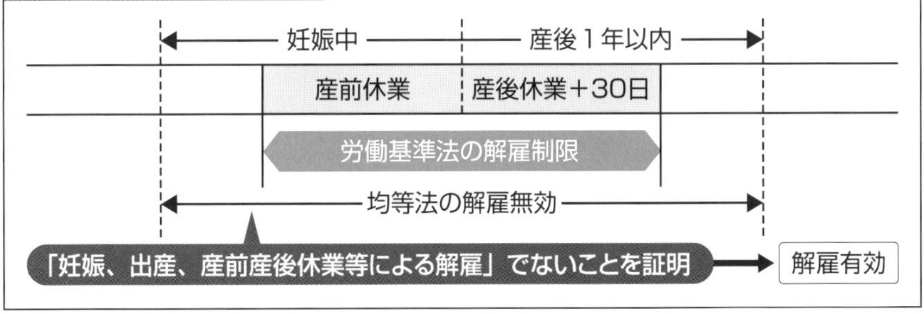

4-2

妊娠・出産・育児休業を理由とする不利益な取り扱いの禁止

解雇以外にも降格、給与や賞与の不当な減額など実質的な不利益な取り扱いが行われているという実態があります。均等法と育児介護休業法では、妊娠・出産・育児休業取得等を理由にした不利益な取り扱いを禁止しています。

妊娠・出産等を理由にしたと判断される典型例

育児介護休業法、男女雇用機会均等法では、右上図の理由によって労働者に解雇その他の不利益な取り扱いを行うことを禁止しています（育介法10条、16条ほか、均等法９条３項）。

例えば図の②について、どうせ何ヵ月も育児休業を取って働けないなら更新をしないで一旦契約を終わらせ、育児が落ち着いた時点でまた再雇用を考えればいいという扱いも、不利益な取り扱いに該当します。

ただし、法律で定められた一定の有期雇用者（70ページ参照）については、使用者は育児休業を与える義務はありませんから、労働者自身が休業せずに働くか、退職するかを選択することになるでしょう。

図の⑦について、休業した期間や時間短縮等により働かなかった分を無給とするのは問題ありませんが、労働しなかった分を超えて賃金が控除される仕組みは不利益な取り扱いとなります。賞与についても、対象期間の約半分を休業したから半額にするという程度なら問題ありませんが、それ以上に不利益となる取り扱いは禁止されています。

図の⑧について、昇格等の査定上、休業した期間を欠勤とすることは問題ありません。しかし、それ以上にマイナスとするのは違法となります。また、昇給日に休業中であることだけを理由に昇給の対象外とし、復職後の調整もないような場合は、違法となる可能性が高いでしょう。

その他、退職金を計算する際など、休業期間を勤続年数にカウントしないのは問題ありません。しかし、年次有給休暇の付与に当たって出勤率を算定する際には、産前産後休業や育児休業を取得した期間を出勤扱いにすることが法律で定められているので注意が必要です（労基法39条10項）。

これらを理由として

妊娠中・産後の女性労働者が…

○（母性健康管理措置、産前産後休業、軽易な業務への転換、時間外・休日・深夜業の制限、育児時間など）制度の利用を求めたこと・利用したこと
○妊娠・出産したこと
○つわりなどで働けない・労働能率が低下したこと
○これらについて相談等をしたこと

育児中の労働者が……

○（育児休業、子の看護休暇、時間外・深夜業の制限、短時間勤務制度、所定外労働の免除など）制度の利用を求めたこと・利用したこと、これらについて相談等をしたこと

介護中の労働者が……

○（介護休業、介護休暇、時間外・深夜業の制限、所定外労働の免除、所定労働時間の短縮等の措置など）制度の利用を求めたこと・利用したこと、これらについて相談等をしたこと

不利益な取り扱いを行うことは違法

不利益な取り扱いの例

①解雇すること
②期間を定めて雇用される者について、契約の更新をしないこと
③あらかじめ契約の更新回数の上限が明示されている場合に、その回数を引き下げること
④退職または正社員をパートタイマー等の非正規社員とするような労働契約内容の変更の強要を行うこと
⑤不利益な自宅待機を命ずること
⑥降格させること
⑦減給をし、または賞与等において不利益な算定を行うこと
⑧昇進・昇格の人事考課において不利益な評価を行うこと
⑨不利益な配置の変更を行うこと
※産前産後休業からの復帰に当たって原職または原職相当職につけないことを含む。
⑩就業環境を害すること
⑪派遣スタッフについて、派遣先がその派遣スタッフの就業を拒むこと

これら事業主による不利益取り扱いの禁止は、派遣先にも適用されます。

事由の終了から1年以内の不利益取り扱いは原則違法

たとえば労働者が「産休を取りたいと言ったら雇い止めされた」と主張しても、会社側が「それは能力不足が原因だ」などと反論すれば産休取得が雇い止めの理由かどうか証明することは困難です。

そこで平成27年に通達が改正され、原則として妊娠等の事由から1年以内（人事異動など時期が事前に決まっている措置については事由の終了後最初のタイミング）に行われた不利益取り扱いについては、次の例外に該当しない限り違法と判断されることになりました。

例外①：業務上の必要性から不利益取り扱いをせざるをえず、業務上の必要性が不利益取り扱いの影響を上回る特段の事情があるとき
例外②：本人が同意し、有利な影響が不利な影響を上回り、事業主から適切な説明があるなど、一般的な労働者なら同意するような合理的な理由が客観的に存在するとき

労働局長の助言や調停制度を利用できる

均等法の母性保護や育児介護休業法で定める事項について、労使間でトラブルに発展した場合、当事者からの求めに応じて都道府県労働局長は、必要な助言、指導または勧告を行うことができます（均等法17条、育介法52条の4）。

また、申請があった場合には調停制度が利用できます。調停とは、調停委員が間に入って解決案を探り、労使間の話し合いを進めてくれるものです（均等法18条、育介法52条の5）。労働局長の助言等も調停制度の利用も、労使どちらか一方からの申請でかまいません。

違反企業は20万円以下の過料と企業名公表

都道府県労働局長からの勧告に使用者が従わない場合は、企業名を公表することができます（均等法30条、育介法56条の2）。また、報告を求めた場合に使用者が報告をしなかったり、虚偽の報告を行ったりした場合は、20万円以下の過料が科されます（均等法33条、育介法66条）。

4-3

マタハラ防止措置

法律では、職場における妊娠・出産・育児休業等に関するハラスメントについて事業主に防止措置を講じることを義務付けています。令和2年6月の法改正により防止対策が強化されています。

マタハラとは

妊娠・出産等を理由とした嫌がらせ・不利益な取り扱いをマタニティハラスメント（マタハラ）といいます。上司によるもののほか、同僚からの嫌がらせなども含まれます。

男女雇用機会均等法および育児介護休業法では、事業主に対してマタハラを防止するために雇用管理上必要な措置（通称「マタハラ防止措置」）を講じることを義務付けています（均等法11条の３、育介法25条）。

何がマタハラに該当するのか

マタハラ防止措置を実施するにあたって、まずは「何がマタハラになるのか」という問題があります。

指針では次のようなものをマタハラ行為として示し、防止すべき対象としています。事業主に禁止されている「不利益な取り扱い」（121ページ参照）の対象となる行為よりも範囲が広がっています。

防止すべきマタハラ行為

制度利用への嫌がらせ型

男女労働者が妊娠・出産・育児・介護について法律で定められた制度等の利用を請求したこと、利用したこと、利用したいと相談したことにより行われるハラスメント

① 解雇その他の不利益な取り扱いを示唆するもの

例：時間外労働の免除について上司に相談すると「次の査定の際は昇進しないと思え」と言われた。

② 制度の利用を阻害するもの

例：上司から「男のくせに育児休業を取るなんてあり得ない」と言われ、取得をあきらめざるを得ない状況になっている。

③ 制度を利用したことにより嫌がらせをするもの

例：同僚が「自分だけ短時間勤務をしているなんて周りを考えていない。迷惑だ」と繰り返し言う。

状態への嫌がらせ型

女性労働者が妊娠・出産したこと等により行われるハラスメント

④ 解雇その他の不利益な取り扱いを示唆するもの

例：上司に妊娠を報告すると「他の人を雇うから辞めてもらうしかない」と言われた。

⑤ 妊娠等をしたことにより嫌がらせをするもの

例：同僚が「妊娠するなら忙しい時期を避けるべきだった」と繰り返し言う。

③や⑤の嫌がらせは、繰り返しまたは継続的なもので、就業する上で看過できない支障が生じるようなものが該当します。

②については、上司が個人的に制度の利用を阻害する言動を行った場合はマタハラに該当し、事業主はこうした言動を防止するよう措置を講じる必要があります。一方、事業主が法定の制度の利用を認めない場合は、そもそも法律に違反することになります。

マタハラに該当しない例

業務分担や安全配慮等の観点から、客観的にみて業務上の必要性に基づく言動によるものはマタハラ行為に該当しません。

マタハラには該当しない業務上の必要性に基づく言動の例

- 業務状況を考えて、上司が「次の妊婦健診はこの日は避けてほしいが調整できるか」と確認する。
- 上司や同僚が「妊婦には負担が大きいだろうから、もう少し楽な業務に変わってはどうか」と配慮する。

事業主が講ずべき措置

マタハラ行為を防止するために事業主が講じなければならない措置は下記の指針の概要のとおりです。

「マタハラは許されない」という認識を社内に浸透させるために、就業規則に規定したり、リーフレット配布やポスターの掲示、社内研修などを実施して労働者に周知・啓発していくことが必要になります。

マタハラが起きてしまった場合は適切に対応できるよう、相談窓口を設置し、事実関係の確認、行為者への措置などを実施します。

マタハラが起きる原因や背景となる要因を解消することも大切です。たとえば、妊娠した労働者がつわりのために仕事を休むことによって周囲の労働者の業務負担が増えるといったことから不満が募って嫌がらせにつながることがあります。負担が偏らないように事業主が業務体制を整備したり、妊娠した労働者が周囲と円滑なコミュニケーションを図るよう啓発していくこともマタハラ防止につながるのです。

マタハラを防止するために事業主が講ずべき措置
（指針の概要）

1　事業主の方針の明確化及びその周知・啓発

（1）①妊娠、出産等に関するハラスメントの内容、②妊娠、出産等に関する否定的な言動が妊娠、出産等に関するハラスメント の背景等となり得ること、③妊娠、出産等に関するハラスメントがあってはならない旨の方針、④妊娠、出産等に関する制度等の利用ができる旨を明確化し、管理･監督者を含む労働者に周知･啓発すること。

（2）妊娠、出産等に関するハラスメントの行為者については、厳正に対処する旨の方針・対処の内容を就業規則等の文書に規定し、管理・監督者を含む労働者に周知・啓発すること。

2　相談（苦情を含む）に応じ、適切に対応するために必要な体制の整備

（3）相談窓口をあらかじめ定めること。

（4）相談窓口担当者が、内容や状況に応じ適切に対応できるようにすること。また、職場における妊娠、出産等に関するハラスメントが現実に生じている場合だけでなく、その発生のおそれがある場合や、職場における妊娠、出産等に関するハラスメントに該当するか否か微妙な場合等であっても､広く相談に対応すること。

（5）その他のハラスメントの相談窓口と一体的に相談窓口を設置し、相談も一体的に受け付ける体制の整備が望ましいこと。

3　職場における妊娠、出産等に関するハラスメントにかかる事後の迅速かつ適切な対応

（6）事実関係を迅速かつ正確に確認すること。

（7）事実確認ができた場合には、速やかに被害者に対する配慮の措置を適正に行うこと。

（8）事実確認ができた場合には、行為者に対する措置を適正に行うこと。

（9）再発防止に向けた措置を講ずること。（事実確認ができなかった場合も同様）

4　妊娠、出産等に関するハラスメントの原因や背景となる要因を解消するための措置

（10）業務体制の整備など、事業主や妊娠した労働者その他の労働者の実情に応じ、必要な措置を講ずること。

（11）妊娠した労働者等に対し、妊娠、出産等に関する制度等の利用ができる旨や妊娠中に業務を遂行するに当たっての心構え等を周知・啓発することが望ましいこと。

5　1から4までの措置と併せて講ずべき措置

（12）相談者・行為者等のプライバシーを保護するために必要な措置を講じ、周知すること。

（13）相談したこと、事実関係の確認に協力したこと等を理由として不利益な取扱いを行ってはならない旨を定め、労働者に周知・啓発すること。

第5章

出産・育児・介護に関する保険給付と助成金

この章の内容は……

5-1

出産・育児・介護に関する社会保険、税金、助成金の概要

出産、育児、介護など人生における重要な節目には、日頃の生活以上の費用がかかります。そこで、労働者を社会保険の給付や税金の控除などで費用面から補助する仕組みがあり、企業には労働者支援のための助成金が用意されています。

社会保険の給付

社会保険では、出産や介護について次のような給付があります。

①**出産育児一時金**　⇒詳細130ページ参照

…出産費用は、通常の自己負担３割の健康保険が適用されないため、代わりに、子供１人につき42万円（産科医療補償制度に加入しない病院での出産または22週未満の分娩の場合40.4万円）の定額が支給されます。

②**出産手当金**　⇒詳細132ページ参照

…産前、産後の働けない期間、健康保険の被保険者については、その生活費を補うため、１日当たり標準報酬日額の３分の２の額が支給されます。

③**高額療養費、高額介護サービス費、高額医療・介護合算制度**
⇒詳細144ページ以降参照

…異常分娩による医療費や介護などの費用が高額になった場合に一定の給付があります。

雇用保険の給付

雇用保険では、育児、介護について次のような給付があります。

①**育児休業給付**　⇒詳細134ページ参照

…職場復帰を促進するため、男女を問わず、育児休業中に賃金が低下した場合に支給されます。

②**介護休業給付**　⇒詳細138ページ参照

…家族を介護しながら働く人が介護のため休業し、賃金が低下した場

合に支給されます。

社会保険の保険料の免除その他の特例

社会保険では育児期間について、休業中の保険料の免除や保険料に関する次のような特例があります。

①保険料の免除　⇒詳細142ページ参照

…法定の産前産後休業中の人および3歳までの子を養育するために育児休業または育児休業に準ずる措置を受けている人は、社会保険料の納付が免除されます。

②育児休業等終了時報酬月額変更の特例　⇒詳細142ページ参照

…3歳未満の子を養育している被保険者が育児休業終了後に受け取る給与に変動があった場合、特別な基準で標準報酬月額の改定を行うことができます。

③養育期間の従前標準報酬月額のみなし措置の特例　⇒詳細143ページ参照

…3歳未満の子を養育中の労働者は、勤務時間の短縮などにより賃金が減少したときは、従前の標準報酬月額をその期間の標準報酬月額とみなして年金額を計算する特例があります。

税金（税額控除）

医療費や介護費用が高額になった場合、所得税を軽減する次の制度があります。

①医療費控除　⇒詳細146ページ参照

…本人や一緒に生活する家族のために医療費を多く支払った場合、所得税において一定の額の所得控除を受けることができます。

企業への助成金

育児や介護をしながら働く労働者の生活と仕事の両立を支援する企業には、助成金が設けられています。　⇒詳細148ページ以降参照

5-2

出産育児一時金

出産については、健康保険適用の医療機関による自己負担３割の診療等の給付制度（「療養給付」といいます）によらず、「出産育児一時金」という給付制度から出産に関する費用が補填されます。

原則として出産１人につき42万円

出産育児一時金は、出産費用の負担の軽減を図るため、健康保険の被保険者が出産した場合に、子供１人につき42万円が支給されます。

産科医療補償制度に加入していない病院で出産した場合または22週未満の分娩の場合40.4万円となります。産科医療補償制度とは、分娩に関連して発症した重度脳性麻痺児に対し、医師の過失の有無にかかわらず、経済的負担を補償することと脳性麻痺の原因分析および再発防止を図ることを併せ持つ制度で、平成20年１月から開始されました。

この給付は妊娠４ヵ月以上の場合が対象で、流産や死産の場合にも支給されます。また、被扶養者が出産した場合には、被保険者に「家族出産育児一時金」として支給されます。

なお、健康保険組合によっては、支給額が異なる場合があります。

給付は健保から直接病院へ支払われる

以前は、原則として出産費用を一旦本人が負担した後、給付されていましたが、平成21年10月１日からは原則として健康保険から医療機関に対し直接、出産育児一時金が支払われることになりました。

実際にかかった費用が支給額を超える場合は、本人が医療機関に差額を支払い、支給額未満であった場合は、後日残りの額を医療保険者（協会けんぽ、健康保険組合など）に請求することになります。

必要となる手続きと書類

【出産費用が支給額を超える場合】

・医療機関と直接払い制度についての契約を締結。その際、健康保険証の提示が必要となりますが、後の処理は医療機関が行います。

【出産費用が支給額に満たない場合】

・内払金支払依頼書
・医療機関の発行する出産にかかった費用の証明書
・医療機関との直接払い制度についての契約書の写し

※直接払いに代えて、出産前に支給先を出産する医療機関に指定する「受取代理制度」もあります。

退職後なども支給される

退職などで健康保険の被保険者の資格を喪失する場合、その喪失日の前日までに継続して1年以上被保険者であった人が資格喪失の日後、6ヵ月以内に出産をしたときは、出産育児一時金が支給されます。

実務上のポイント！

退職後の給付は被保険者に限られており、被保険者の資格喪失後に被扶養者が出産した場合は、家族出産一時金は支給されません。

健康保険に加入していた妻が資格喪失後に夫の被扶養者になってから出産した場合、本人の資格喪失後の給付としての出産一時金と、夫の家族出産一時金の両方の受給資格がありますが、両方を重複して請求することはできません。どちらか一方を選択することになります。

健保組合によっては協会けんぽよりも出産育児一時金の金額が多い場合があるので、額の多い方を選択するとよいでしょう。

5-3

出産手当金

労働者が出産する場合、産前産後休業として労働基準法により一定期間就業が禁止されるため、健康保険の被保険者についてはその生活費を補うため「出産手当金」が支給されます。

産前産後休業中で無給の期間が対象

被保険者が出産のため会社などを休み、その間の給与が支払われないとき、出産の日以前42日間（多胎妊娠の場合は98日間）および出産の日後56日間、原則として次の額が健康保険から支給されます。

出産手当金の支給額＝標準報酬月額の12ヵ月平均×$\frac{1}{30}$×$\frac{2}{3}$×日数

※支給開始日前の期間が12ヵ月に満たない場合は、①支給開始日前の各月の標準報酬月額の平均額、②30万円、いずれか小さい額

ただし、産前産後休業の期間であっても、会社から報酬を受けている場合は、出産手当金の額からその額が控除されます。また、その報酬の額が出産手当金の額を超えるときは、出産手当金は支給されません。

実務上のポイント！

産前産後休業中の社会保険料の本人負担分を会社が補助する場合も、会社から報酬があったとみなされます。

また、たとえば6ヵ月分の通勤手当をすでに支給していて、産前産後休業中の分を控除しない場合なども、報酬とみなされます。

出産祝金など恩恵的なものは報酬とはみなされません。

なお出産手当金は日曜など会社の公休日についても支給されます。

予定日より早く（遅く）産まれたとき

日数をカウントする際、出産日は「産前」に含めて数えます。予定より早く生まれた場合も実際の出産日をベースに産前42日、産後56日を数えます。ただ、産前休業は一般に予定日の42日前から取るため、予定より早く生まれた場合は、働いていた期間の出産手当金が削られることになります。

一方、予定より遅く生まれた場合は実際の出産日ではなく予定日をベースに産前42日を数えます。しかし、産後56日は実際の出産日の翌日から数えるため、遅れた分、支給日数が加算されることになります。

分割して受給できる

出産手当金の申請は、産前産後休業期間終了後にまとめて申請することも、複数回に分けて申請することも可能です。例えば労働者の希望を聞いて、産前と産後の２回に分けて申請することもできます。

退職前後も受給できることがある

以前は退職後６ヵ月以内に出産したときも、出産手当金が支給されましたが、平成19年４月からこの制度は廃止されています。ただし、退職日までに引き続き１年以上健康保険の被保険者であった者が、**退職日までに出産手当金の受給要件を満たして退職したとき**は、退職後の期間についても支給されます。

なお、任意継続被保険者の方は、出産手当金は支給されません。

実務上のポイント！

資格喪失後も出産手当金を受給するには、資格喪失日の前日に受給権があることが必要です。退職日（資格喪失日の前日）に、退職の挨拶などを兼ねて出勤し勤務してしまうと、要件を満たせなくなり、その後の期間は受給できなくなります。この点に注意してください。

5-4

育児休業給付

育児休業給付とは、雇用保険の被保険者が育児休業を取得して所得がない、あるいは減少した期間について、最大67%の給付が行われるものです。

12ヵ月以上の被保険者期間がある人が対象

育児休業給付の支給対象者は次の要件を満たした人です。

①1歳※に満たない子を養育するための育児休業を取得する雇用保険の一般被保険者であること

※パパ・ママ育休プラスの場合は1歳2ヵ月まで。保育所に入所できないなどの延長事由に該当する場合は1歳6ヵ月または2歳まで

②育児休業を開始した日の前2年間に、雇用保険に加入し賃金を受けた日が11日以上ある月が通算12ヵ月以上※あること

※離職した期間がある場合は、再就職までの期間が1年以内ならば通算されます。ただし、離職により基本手当等を受給した場合は通算されません。

育児休業を開始する時点で、育児休業終了後に離職することが予定されている人は、支給の対象となりません。

また、同一の子について2度目以降の育児休業は原則として支給の対象となりません。ただし、配偶者の出産後8週間以内の期間内に、父親が育児休業を取得した場合や延長事由に該当する場合などには、再度の育児休業が可能となり、支給要件を満たせば給付金の対象となります。

期間雇用者は一定の場合に対象となる

期間雇用者については、基本的に育児介護休業法と同様の取り扱いとなり、①②の両方を満たす必要があります。

①休業開始時において、同一の事業主の下で１年以上雇用が継続していること
②子が１歳６か月までの間に労働契約が満了し、更新されないことが明らかでないこと

1歳6ヵ月・2歳まで支給対象となる場合

保育所に入所できないなど次のいずれかの理由により、子が１歳に達する日以後の期間に育児休業を取得する場合は、その子が１歳６ヵ月に達する日前までの期間、育児休業給付の支給が受けられます。

さらに平成29年10月の法改正により、育児休業を再延長して最長で子が２歳に達するまで育児休業給付を受けられるようになっています。

①育児休業の申出に係る子について、保育所における保育の実施を希望し、申込みを行っているが、その子が１歳※に達する日後の期間について、当面その実施が行われない場合
②育児休業の申出に係る子の養育を行っている配偶者であって、その子が１歳※に達する日後の期間についてその子の養育を行う予定であった人が以下のいずれかに該当した場合
イ）死亡したとき
ロ）負傷、疾病または身体上若しくは精神上の障害により育児休業の申出に係る子を養育することが困難な状態になったとき
ハ）婚姻の解消その他の事情により配偶者が育児休業の申出に係る子と同居しないこととなったとき
ニ）６週間（多胎妊娠の場合にあっては、14週間）以内に出産する予定であるかまたは産後８週間を経過しないとき（産前休業を請求できる期間または産前休業期間及び産後休業期間）
※最長２歳まで再延長する場合は「１歳６ヵ月」

実務上のポイント！

ここでいう保育所は認可保育所のことであって、無認可保育所や認証保育所は含まれません。認可保育所に入りたいのに入れない待機児童である場合を指しています。ただし、入りたいと希望しているだけではなくて、入所希望日を「子の誕生日※以前」として実際に市区町村へ申し込みをしていることが必要です。市区町村によって、誕生日の前月までに申し込みをしなければならないところも多いため、事前によく手続きを確認しておくよう労働者に注意を促す必要があるでしょう。

※最長2歳まで再延長する場合は「1歳6ヵ月の誕生日に当たる日」

1ヵ月ごとに要件を満たす必要がある

育児休業を開始した日から起算した1ヵ月ごとの期間（「支給単位期間」といいます）に、次の要件を全て満たしている場合に支給対象（「支給対象期間」といいます）となります。

①支給単位期間の初日から末日まで継続して被保険者であること
②支給単位期間に就業していると認められる日数が10日以下であること
③支給単位期間に支給された賃金額が、休業開始時の賃金月額の80%未満であること

支給対象期間とは

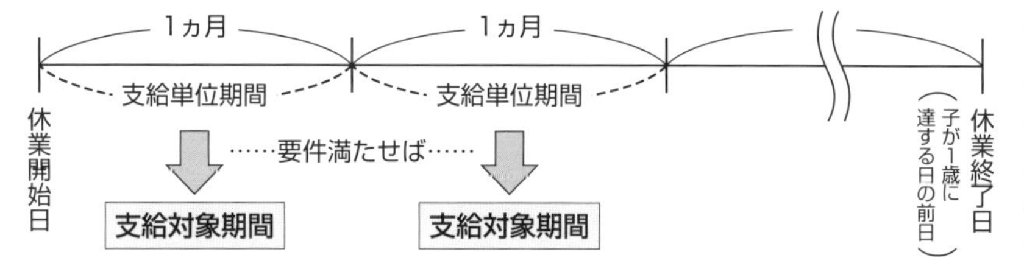

1ヵ月ごとに区切っていくと最後の期間（育児休業終了日を含む期間）は、1ヵ月に満たないかもしれません。その場合でも上記要件の①と③は

満たす必要があります。②については就業していると認められる日数が10日以下であるとともに、全休業日が１日以上あることが必要です。

支給額

育児休業給付は、原則として休業前賃金の67%（育児休業開始180日経過後は当分の間50%）相当額が支払われます。

支給単位期間に会社から賃金が支払われる場合、その額が休業前賃金の13%（180日経過後は30%）を超える場合には、賃金と支給額の合計が休業前賃金の80%に達するまで支給されます。賃金が80%以上支払われる場合は、給付金は支給されません。

なお、給付金には上限額と下限額が定められています。

支給申請手続きは２ヵ月に１回

初回の手続きは育児休業開始日から４ヵ月を経過する日の属する月の末日までに事業主が行います。たとえば、育児休業開始日が７月10日の場合、11月30日までに申請手続きを行う必要があります。

２回目からは、原則として２ヵ月に１回、事業主が支給申請を行います。給付金の振り込みも２ヵ月ごとです。前回支給申請を行った際に、次回の申請書が交付され、次回の申請期日が指定されます（印字してあります）。

実務上のポイント！

マイナンバー制度の関係により育児休業給付の申請手続きが変わっています。以前は、原則として被保険者が申請を行うことになっており、事業主が代わりに申請を行う場合は労使協定の締結などが必要でした。しかし、平成28年２月からは原則として事業主が申請を行うことになり、労使協定などは不要となりました。

なお、原則として申請書には被保険者のマイナンバーを記載し事業主が本人確認を行わなければなりません。

5-5

介護休業給付

家族を介護しながら働く人が介護のために休業し賃金が低下した場合に、雇用保険から介護休業給付が支給されます。社会保険には介護をしている期間中の給付や保険料免除の制度がないため、労働者にとっては大切な制度です。

まず受給資格がある

介護休業給付は、まず次の受給資格を満たす人が対象になります。

①雇用保険の一般被保険者であること
②介護休業を取得した日前２年間に賃金を受けた日が11日以上ある月が通算12ヵ月以上あること

離職した期間がある場合は、再就職までの期間が１年以内ならば通算されます。ただし、離職により失業給付である基本手当等を受給した場合は通算されません。

期間雇用者は一定の場合に対象となる

期間雇用者については、基本的に育児介護休業法と同様の取り扱いとなります。

①休業開始時において、同一の事業主の下で１年以上雇用が継続していること
②介護休業開始予定日から起算して６ヵ月を経過する日までの間に労働契約が満了し、更新されないことが明らかでないこと

支給対象となる介護休業

介護休業給付は、次の要件を満たす介護休業を取得した場合に支給されます。

①休業期間を明らかにして事業主に申し出を行い、実際に取得した休業であること
②負傷や疾病などにより、２週間以上にわたり常時介護を必要とする次の家族を介護するための休業であること

対象となる家族

一般被保険者の配偶者（事実上の婚姻関係と同様の者を含む）、父母（養父母を含む）、子（養子を含む）、配偶者の父母（養父母を含む）、祖父母、兄弟姉妹、孫

93日を限度に３回までの分割受給が可能

介護休業給付は、対象家族１人の介護について93日を限度に３回までに限り支給されます。

以前は１回のみの支給でしたが、平成29年１月の改正により３回までの分割受給が可能になっています。

最長３ヵ月分を支給

介護休業給付は最長３ヵ月間支給されます。開始した日から１ヵ月ごとの期間（「支給単位期間」といいます）に区切り、次の要件の全てを満たしている場合に支給対象（「支給対象期間」といいます）となります。

①支給単位期間の初日から末日まで継続して被保険者であること
②１つの支給単位期間中に、就業していると認められる日が10日以下であること
③支給単位期間に支給された賃金額が、休業開始時の賃金月額の80%未満であること

※介護休業終了日の属する１ヵ月未満の支給単位期間については、就業していると認められる日が10日以下であるとともに、全日休業している日が１日以上あることが必要です。

支給対象期間の仕組み

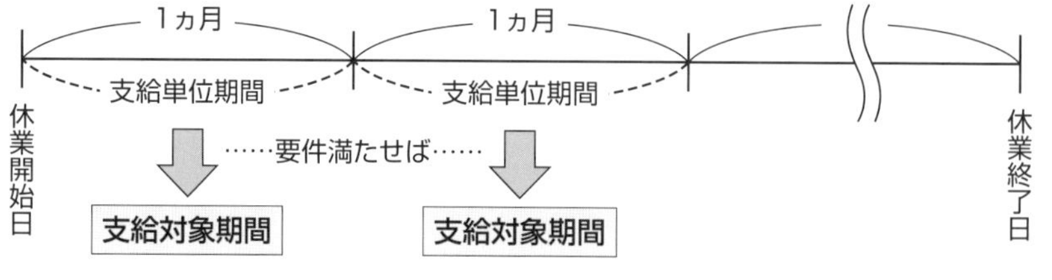

支給額

介護休業給付は、原則として**休業開始時賃金日額の67%相当額**が支払われます。

一部労働した場合や介護休業中も会社から賃金が支払われた場合などは、支払われた賃金額に応じて次のように支給額が調整されます。

給付額の例

①支払われた賃金が13%以下の場合
　賃金月額×67%
②支払われた賃金が13%超80%未満の場合
　賃金月額×80%－支払われた賃金
③支払われた賃金が80%以上の場合
　不支給

ただし、給付金には上限額と下限額があります。

支給申請手続き

介護休業給付の支給を受けるためには事業主が次の書類を、その内容を確認できる添付書類とともにハローワークに提出することが必要です。

①雇用保険被保険者休業開始時賃金月額証明書
②介護休業給付金支給申請書

介護休業給付金支給申請書の提出期限は各介護休業終了日※の翌日から起算して２ヵ月を経過する日の属する月の末日です。

たとえば、介護休業終了日が7月25日の場合、9月30日が期限となります。
※介護休業期間が3ヵ月以上にわたるときは介護休業開始日から3ヵ月を経過する日

5-6 社会保険の保険料の免除等

子を養育する労働者については、社会保険制度の中で保険料の免除や年金の計算で特例措置が設けられています。しかし介護休業には保険料の免除制度はありません。

産前産後休業・育児休業中の社会保険料は免除される

法定の産前産後休業中の労働者および３歳までの子を養育するために育児休業または育児休業に準ずる措置を利用している労働者は、社会保険料（健康保険、介護保険、厚生年金保険の本人負担分・会社負担分の両方）の納付が免除されます。この免除期間中については、保険料を支払ったとみなされるため、将来受け取る年金額に影響はありません。免除される期間は、「休業を開始した月」から「休業が終了する日の翌日の前月」までです。

育児休業等終了後に受け取る報酬に変動があったとき

産前産後休業終了日に子を養育している被保険者、育児休業終了日に３歳未満の子を養育している被保険者が、休業終了後に受け取る給与に変動があった場合、特別な基準で標準報酬月額（社会保険の保険料や給付額を計算するときの基礎となる各人の平均的な報酬額）の改定を行うことができます。通常の報酬月額変更届は、基本給などの固定給が昇給または降給し、標準報酬の等級に２等級以上の変更が生じたときに提出します。

産前産後休業終了後、育児休業終了後の場合、この通常の月額変更の要件に該当しない、つまり、固定的賃金の変動がなく、１等級しか変わっていないときでも、月額を変更できます。これにより保険料負担を軽減することができます。

手続きは、被保険者からの申し出に基づき、事業主が年金事務所等へ届け出ます。標準報酬月額は、育児休業等終了日の翌日の月以降の３ヵ月間に受けた報酬（支払基礎日数が17日未満の月は除く）の平均額により決定し、その翌月から改定されます。

養育期間の従前標準報酬月額のみなし措置の特例

3歳未満の子を養育中の労働者については、勤務時間の短縮などにより賃金が減少することも多いため、将来、年金の額が不利にならないように、従前の標準報酬月額をその期間の標準報酬月額とみなして年金額を計算する特例が設けられています。なお、保険料を支払うときは、実際の標準報酬月額によって支払います。

年金額と保険料の算定

●年金額を算定するとき

従前の標準報酬月額	従前標準報酬月額みなし措置	年金額は従前の標準報酬月額で算定する
	実際の標準報酬月額	

●保険料額を算定するとき

従前の標準報酬月額	実際の標準報酬月額	保険料額は実際の標準報酬月額で固定する

具体的には、3歳未満の子を養育する被保険者または被保険者であった人で、養育期間中の各月の標準報酬月額が養育開始月の前月の標準報酬月額を下回る場合、被保険者が標準報酬月額の特例を申し出ることにより、従前の標準報酬月額で年金額を計算することになります。

この特例を受けている人が次のいずれかに該当したときは、特例措置が終了するため届け出をしなければなりません。

①3歳未満の子を養育していた人がその子を養育しなくなったとき
②養育していた3歳未満の子が死亡したとき

5-7

医療費や出産費用、介護費用が高額になったとき

医療費や介護費用が高額になった場合、高額療養費や高額介護サービス費の制度によって自己負担が一定額以上とならないよう軽減が図られています。また、医療費控除などで所得税が軽減される場合もあります。

高額療養費を請求する

社会保険（国民健康保険も同様）には「高額療養費」という制度があります。１ヵ月の医療費の自己負担が一定額を超えて高額になった場合、申請によって下の表の限度額を超えた分が払い戻されるというものです。

この医療費とは、自己負担１～３割で支払う保険適用分に限られ、入院時の食事負担分やその他保険外診療分は入りません。また、通常の出産費用は対象外（出産育児一時金でまかなわれるため）です。ただし、帝王切開など異常分娩は保険を適用された場合、対象になります。

医療費の自己負担限度額

〈70歳未満の方〉

対象者の区分	外来・入院（世帯ごと）
① 区分ア （標準報酬月額83万円以上の方） （報酬月額81万円以上の方）	252,600円＋（総医療費－842,000円）×１％ ＜多数該当の場合…140,100円＞
② 区分イ （標準報酬月額53万～79万円の方） （報酬月額51万５千円以上～81万円未満の方）	167,400円＋（総医療費－558,000円）×１％ ＜多数該当の場合…93,000円＞
③ 区分ウ （標準報酬月額28万円～50万円の方） （報酬月額27万円以上～51万５千円未満の方）	80,100円＋（総医療費－267,000円）×１％ ＜多数該当の場合…44,400円＞
④ 区分エ （標準報酬月額26万円以下の方） （報酬月額27万円未満の方）	57,600円 ＜多数該当の場合…44,400円＞
⑤ 区分オ（低所得者） （被保険者が市区町村民税の非課税者等）	35,400円 ＜多数該当の場合…24,600円＞

〈70～74歳の方〉

被保険者の所得区分			自己負担限度額	
			外来 （個人ごと）	外来・入院 （世帯）
① 現役並み所得者	現役並みⅢ （標準報酬月額83万円以上で高齢受給者証の負担割合が３割の方）		252,600円＋（総医療費－842,000円）× １％ ＜多数該当の場合…140,100円＞	
	現役並みⅡ （標準報酬月額53万～79万円で高齢受給者証の負担割合が３割の方）		167,400円＋（総医療費－558,000円）× １％ ＜多数該当の場合…93,000円＞	
	現役並みⅠ （標準報酬月額28万～50万円で高齢受給者証の負担割合が３割の方）		80,100円＋（総医療費－267,000円）× １％ ＜多数該当の場合…44,400円＞	
②　一般所有者 （①および③以外の方）			18,000円 （年間上限14.4万円）	57,600円 ＜多数該当の場合… 44,400円＞
③　低所得者		Ⅱ	8,000円	24,600円
		Ⅰ		15,000円

※70歳未満の方の場合は同一月内に同一世帯で２万1,000円以上の自己負担が複数あるときは、これらを合算して限度額を超えた分が払い戻されます。

※多数該当とは、同一世帯で直近12ヵ月間に３回以上高額療養費の支給を受けている場合に、４回目から限度額が変わるものです。

※低所得者Ⅱとは、被保険者が市区町村民税の非課税者等である場合です。

※低所得者Ⅰとは、被保険者とその扶養家族全員の収入から必要経費・控除額を除いた後の所得がない場合です。

※現役並み所得者に該当する場合は、市区町村民税が非課税等であっても現役並み所得者となります。

後で払い戻されるとはいえ、いったん高額な医療費を支払うことは大きな負担であるため、高額療養費を現物給付として支給する仕組みもあります。つまり窓口で支払うのは限度額までで済むのです。

ただしこの現物給付の制度を利用するには、一部の人を除き「限度額認定証」の交付をあらかじめ受けておく必要があります。

高額介護サービス費を請求する

介護保険にも同様の制度があります。

同じ月に利用した介護サービス利用者負担（１割または２割）の合計が高額になり、下記の上限額を超えたときは、超えた分が「高額介護サービス費」として後から支給され、負担が軽くなります。

介護サービス費の自己負担限度額

対象者の区分	１ヵ月の上限額
現役並み所得者相当の方	4万4,400円(世帯)
市区町村民税課税世帯の方	4万4,400円(世帯)※
世帯全員が市区町村民税非課税	2万4,600円(世帯)
・老齢福祉年金受給者の方 ・前年の合計所得金額と課税年金収入額の合計が80万円以下の方	2万4,600円(世帯) 1万5,000円(個人)
生活保護受給者の方	1万5,000円(個人)

※同じ世帯のすべての65歳以上の方（サービスを利用していない方を含む）の利用者負担割合が１割の世帯に年間上限額（44万6,400円）を設定。

高額療養費と高額介護サービス費は１ヵ月ごとに上限を超えた分が払い戻されますが、長期に渡って医療や介護サービスを利用する人にとってはそれでもまだ大きな負担となります。そこで、世帯ごとに１年間の両方の合計額（既に払い戻された額を除く）が上限を超えた場合に、さらに払い戻しを受けられる**高額医療・高額介護合算制度**があります。

合算の対象となる期間は、毎年８月から翌年７月までの１年間です。

合算の対象となる世帯は住民票の世帯ではなく、医療保険制度ごとの世帯となります。

確定申告で税金を取り戻す

本人や一緒に生活する家族のために医療費を支払った場合には、所得税において、「**医療費控除**」という一定額の所得控除が受けられます。医療費控除の対象となる金額は、次の式で計算した金額（最高で200万円）です。

医療費控除の対象金額 ＝ 実際に支払った医療費の合計額 － 保険金などで補てんされる金額 － 10万円※

※その年の総所得金額等が200万円未満の人は、総所得金額等の５％の金額

この医療費に出産費用や介護費用を含めることができます。ただし、申告の対象となる年に実際に支払った金額でなければならず、未払いのものや年が明けてから支払ったものは対象になりません。また、出産育児一時

金など保険から給付された金額は医療費から除きますが、出産手当金は医療費を補填するものではないので差し引く必要はありません。

〈医療費控除の対象となるもの〉

①妊婦検診や検査などの費用、通院費用

※通院費用については領収書がない場合、実際にかかった費用についてメモを残すなど明確にしておく必要があります。

②出産で入院する際のタクシー利用料金

（入院が出産という緊急時のため、通常の交通手段によることが困難な場合のみ）

③入院中に病院で支給される食事の費用

〈医療費控除の対象とならないもの〉

①実家で出産するために実家に帰省する交通費

②入院に際し、洗面具など身の回り品を購入した費用

③病院の食事が気に入らず他から出前を取るなどしてかかった費用

医療費控除の対象となる施設サービスの対価の概要

施設名	医療費控除の対象	医療費控除の対象外
指定介護老人福祉施設 【特別養護老人ホーム】 指定地域密着型介護老人福祉施設	施設サービスの対価（介護費、食費および居住費）として支払った額の２分の１に相当する金額	①日常生活費 ②特別なサービス費用
介護老人保健施設	施設サービスの対価（介護費、食費および居住費）として支払った額	同　上
指定介護療養型医療施設 【療養型病床群等】	同　上	同　上
介護医療院	同　上	同　上

※施設サービスの対価のうち居住費および食費が介護保険給付の対象外となりましたが、自己負担額（指定介護老人福祉施設および指定地域密着型介護老人福祉施設については1/2相当額）は医療費控除の対象となります。

※おむつ代は介護サービス費用の中に含まれ、介護保険給付の対象となり、自己負担額が医療費控除の対象になります。

※介護老人保健施設および指定介護療養型医療施設の個室等の特別室の使用料（診療または治療を受けるためにやむを得ず支払うものに限る）は医療費控除の対象となります。

そのほか、居宅サービス等、医療費控除の対象になるものがあります。

5-8 仕事と子育ての両立支援等に取り組む会社への助成金

雇用保険では、会社の取り組みを支援する様々な助成金が設けられています。これら助成金には、「仕事と子育ての両立支援等」に取り組む場合に支給されるものがあります。主なものをご紹介しましょう。

助成金の受給要件は、ここに説明するほか詳細に定められています。また頻繁に制度の変更があるため、詳しくは都道府県労働局にお問い合わせください。

両立支援等助成金の概要

令和２年度の両立支援等助成金のうち仕事と家庭の両立支援に関するものは以下のとおりです。

出生時両立支援コース（子育てパパ支援助成金）	男性の育児休業取得を促進する事業主に
介護離職防止支援コース	仕事と介護の両立支援に取り組む中小企業事業主に
育児休業等支援コース	仕事と育児の両立支援に取り組む中小企業事業主に
再雇用者評価処遇コース（カムバック支援助成金）	育児・介護等による退職者の再雇用に取り組む事業主に

それぞれの内容を簡単にご紹介しましょう。

出生時両立支援コース（子育てパパ支援助成金）

男性労働者が育児休業等を取得しやすい職場風土作りに取り組み、育児休業や育児目的休暇を取得した男性労働者が生じた事業主に支給されるものです。

育児休業は子の出生後８週間以内に開始し連続14日（中小企業は連続５日）以上取得すること、育児目的休暇は子の出生前６週間から出生後８週間の期間中に合計８日（中小企業は５日）以上取得することなど要件があります。事前の個別面談など休業取得を後押しする取り組みを実施した場合は「個別支援加算」も支給されます。

		中小企業	中小企業以外
①	1人目の育休取得	57万円<72万円>	28.5万円<36万円>
	個別支援加算	10万円<12万円>	5万円<6万円>
②	2人目以降の育休取得	a 育休 5日以上：14.25万円<18万円> b 育休14日以上：23.75万円<30万円> c 育休1か月以上：33.25万円<42万円>	a 育休14日以上：14.25万円<18万円> b 育休1か月以上：23.75万円<30万円> c 育休2か月以上：33.25万円<42万円>
	個別支援加算	5万円<6万円>	2.5万円<3万円>
③	育児目的休暇の導入・利用	28.5万円<36万円>	14.25万円<18万円>

※<　>内の金額は生産性の伸び率が「生産性要件」を満たしている場合。

介護離職防止支援コース

「介護支援プラン」を作成して両立支援に取り組み、介護休業や介護両立支援制度の利用者が生じた事業主に支給されるものです。対象は中小企業事業主のみです。

介護休業は合計5日以上取得することが必要です。介護両立支援制度は、短時間勤務や在宅勤務など定められた中から1つ以上の制度を合計20日以上利用していることが必要です。

		支給額
A 介護休業	休業取得時	28.5万円<36万円>
	職場復帰時	28.5万円<36万円>
B 介護両立支援制度	28.5万円<36万円>	

※A・Bとも1事業主1年度5人まで支給。

育児休業等支援コース

対象は中小企業事業主のみです。

① 育休取得時・職場復帰時

面談により支援プランを作成し、連続3ヵ月以上の育児休業を取得させる必要があります。

代替要員を確保せず、業務効率化などにより業務をカバーして原職等に復帰させた場合は「職場支援加算」があります。

	支給額
A 休業取得時	28.5万円<36万円>
B 職場復帰時	28.5万円<36万円>
職場支援加算	19万円<24万円> ※「B 職場復帰時」に加算して支給

※A・Bとも1事業主2人まで支給（雇用期間の定めのない労働者1人、有期雇用労働者1人）

② 代替要員確保時

代替要員を確保し、育児休業取得者を原職等に復帰させた場合に支給されます。

	支給額
支給対象労働者1人当たり	47.5万円<60万円>
有期雇用労働者の場合に加算	9.5万円<12万円>

※1事業主あたり1年度10人まで支給。（5年間）

③ 職場復帰後支援

復帰後支援として法律を上回る「子の看護休暇制度（有給、時間単位)」または「保育サービス費用補助制度」を導入し、一定の利用実績がある場合に支給されます。

	支給額
制度導入時	28.5万円<36万円>
制度利用時	A：子の看護休暇制度1,000円<1,200円>×時間 B：保育サービス費用補助制度 実費の2/3

再雇用者評価処遇コース（カムバック支援助成金）

妊娠、出産、育児、介護、配偶者の転勤または転居を伴う転職を理由とした退職者について、退職前の勤務を評価する再雇用制度を周知した上で、再雇用の実績が生じた事業主に支給されます。

再雇用人数	中小企業	中小企業以外
1人目	38万円<48万円>	28.5万円<36万円>
2～5人目	28.5万円<36万円>	19万円<24万円>

※1事業主あたり5人まで支給。

巻末

モデル規程と各種書式集

巻末資料の内容は……

育児休業申出書、育児・介護休業取扱通知書、休業申出撤回届、育児短時間勤務申出書など各種の社内書式例（厚生労働省作成）の他、育児・介護休業規程（モデル規程）、社会保険関係の書式などを掲載していますので、参考にして下さい。

育休開始日早見表

1月		2月		3月		4月		5月		6月		7月		8月		9月		10月		11月		12月	
出産日	休業開始日	出産日	休業開始日	出産日	休業開始日	出産日	休業開始日	出産日	休業開始日	出産日	休業開始日	出産日	休業開始日	出産日	休業開始日	出産日	休業開始日	出産日	休業開始日	出産日	休業開始日	出産日	休業開始日
1	2/27	1	3/30	1	4/27	1	5/28	1	6/27	1	7/28	1	8/27	1	9/27	1	10/28	1	11/27	1	12/28	1	1/27
2	2/28	2	3/31	2	4/28	2	5/29	2	6/28	2	7/29	2	8/28	2	9/28	2	10/29	2	11/28	2	12/29	2	1/28
3	3/1	3	4/1	3	4/29	3	5/30	3	6/29	3	7/30	3	8/29	3	9/29	3	10/30	3	11/29	3	12/30	3	1/29
4	3/2	4	4/2	4	4/30	4	5/31	4	6/30	4	7/31	4	8/30	4	9/30	4	10/31	4	11/30	4	12/31	4	1/30
5	3/3	5	4/3	5	5/1	5	6/1	5	7/1	5	8/1	5	8/31	5	10/1	5	11/1	5	12/1	5	1/1	5	1/31
6	3/4	6	4/4	6	5/2	6	6/2	6	7/2	6	8/2	6	9/1	6	10/2	6	11/2	6	12/2	6	1/2	6	2/1
7	3/5	7	4/5	7	5/3	7	6/3	7	7/3	7	8/3	7	9/2	7	10/3	7	11/3	7	12/3	7	1/3	7	2/2
8	3/6	8	4/6	8	5/4	8	6/4	8	7/4	8	8/4	8	9/3	8	10/4	8	11/4	8	12/4	8	1/4	8	2/3
9	3/7	9	4/7	9	5/5	9	6/5	9	7/5	9	8/5	9	9/4	9	10/5	9	11/5	9	12/5	9	1/5	9	2/4
10	3/8	10	4/8	10	5/6	10	6/6	10	7/6	10	8/6	10	9/5	10	10/6	10	11/6	10	12/6	10	1/6	10	2/5
11	3/9	11	4/9	11	5/7	11	6/7	11	7/7	11	8/7	11	9/6	11	10/7	11	11/7	11	12/7	11	1/7	11	2/6
12	3/10	12	4/10	12	5/8	12	6/8	12	7/8	12	8/8	12	9/7	12	10/8	12	11/8	12	12/8	12	1/8	12	2/7
13	3/11	13	4/11	13	5/9	13	6/9	13	7/9	13	8/9	13	9/8	13	10/9	13	11/9	13	12/9	13	1/9	13	2/8
14	3/12	14	4/12	14	5/10	14	6/10	14	7/10	14	8/10	14	9/9	14	10/10	14	11/10	14	12/10	14	1/10	14	2/9
15	3/13	15	4/13	15	5/11	15	6/11	15	7/11	15	8/11	15	9/10	15	10/11	15	11/11	15	12/11	15	1/11	15	2/10
16	3/14	16	4/14	16	5/12	16	6/12	16	7/12	16	8/12	16	9/11	16	10/12	16	11/12	16	12/12	16	1/12	16	2/11
17	3/15	17	4/15	17	5/13	17	6/13	17	7/13	17	8/13	17	9/12	17	10/13	17	11/13	17	12/13	17	1/13	17	2/12
18	3/16	18	4/16	18	5/14	18	6/14	18	7/14	18	8/14	18	9/13	18	10/14	18	11/14	18	12/14	18	1/14	18	2/13
19	3/17	19	4/17	19	5/15	19	6/15	19	7/15	19	8/15	19	9/14	19	10/15	19	11/15	19	12/15	19	1/15	19	2/14
20	3/18	20	4/18	20	5/16	20	6/16	20	7/16	20	8/16	20	9/15	20	10/16	20	11/16	20	12/16	20	1/16	20	2/15
21	3/19	21	4/19	21	5/17	21	6/17	21	7/17	21	8/17	21	9/16	21	10/17	21	11/17	21	12/17	21	1/17	21	2/16
22	3/20	22	4/20	22	5/18	22	6/18	22	7/18	22	8/18	22	9/17	22	10/18	22	11/18	22	12/18	22	1/18	22	2/17
23	3/21	23	4/21	23	5/19	23	6/19	23	7/19	23	8/19	23	9/18	23	10/19	23	11/19	23	12/19	23	1/19	23	2/18
24	3/22	24	4/22	24	5/20	24	6/20	24	7/20	24	8/20	24	9/19	24	10/20	24	11/20	24	12/20	24	1/20	24	2/19
25	3/23	25	4/23	25	5/21	25	6/21	25	7/21	25	8/21	25	9/20	25	10/21	25	11/21	25	12/21	25	1/21	25	2/20
26	3/24	26	4/24	26	5/22	26	6/22	26	7/22	26	8/22	26	9/21	26	10/22	26	11/22	26	12/22	26	1/22	26	2/21
27	3/25	27	4/25	27	5/23	27	6/23	27	7/23	27	8/23	27	9/22	27	10/23	27	11/23	27	12/23	27	1/23	27	2/22
28	3/26	28	4/26	28	5/24	28	6/24	28	7/24	28	8/24	28	9/23	28	10/24	28	11/24	28	12/24	28	1/24	28	2/23
29	3/27			29	5/25	29	6/25	29	7/25	29	8/25	29	9/24	29	10/25	29	11/25	29	12/25	29	1/25	29	2/24
30	3/28			30	5/26	30	6/26	30	7/26	30	8/26	30	9/25	30	10/26	30	11/26	30	12/26	30	1/26	30	2/25
31	3/29			31	5/27			31	7/27			31	9/26	31	10/27			31	12/27			31	2/26

※女性労働者が産前産後休業後すぐに育児休業を取得する場合の開始日一覧（男性の場合は出産予定日から育児休業を取得することができる）

育休開始日早見表（閏年用）

1月		2月		3月		4月		5月		6月		7月		8月		9月		10月		11月		12月	
出産日	休業開始日	出産日	休業開始日	出産日	休業開始日	出産日	休業開始日	出産日	休業開始日	出産日	休業開始日	出産日	休業開始日	出産日	休業開始日	出産日	休業開始日	出産日	休業開始日	出産日	休業開始日	出産日	休業開始日
1	2/27	1	3/29	1	4/27	1	5/28	1	6/27	1	7/28	1	8/27	1	9/27	1	10/28	1	11/27	1	12/28	1	1/27
2	2/28	2	3/30	2	4/28	2	5/29	2	6/28	2	7/29	2	8/28	2	9/28	2	10/29	2	11/28	2	12/29	2	1/28
3	2/29	3	3/31	3	4/29	3	5/30	3	6/29	3	7/30	3	8/29	3	9/29	3	10/30	3	11/29	3	12/30	3	1/29
4	3/1	4	4/1	4	4/30	4	5/31	4	6/30	4	7/31	4	8/30	4	9/30	4	10/31	4	11/30	4	12/31	4	1/30
5	3/2	5	4/2	5	5/1	5	6/1	5	7/1	5	8/1	5	8/31	5	10/1	5	11/1	5	12/1	5	1/1	5	1/31
6	3/3	6	4/3	6	5/2	6	6/2	6	7/2	6	8/2	6	9/1	6	10/2	6	11/2	6	12/2	6	1/2	6	2/1
7	3/4	7	4/4	7	5/3	7	6/3	7	7/3	7	8/3	7	9/2	7	10/3	7	11/3	7	12/3	7	1/3	7	2/2
8	3/5	8	4/5	8	5/4	8	6/4	8	7/4	8	8/4	8	9/3	8	10/4	8	11/4	8	12/4	8	1/4	8	2/3
9	3/6	9	4/6	9	5/5	9	6/5	9	7/5	9	8/5	9	9/4	9	10/5	9	11/5	9	12/5	9	1/5	9	2/4
10	3/7	10	4/7	10	5/6	10	6/6	10	7/6	10	8/6	10	9/5	10	10/6	10	11/6	10	12/6	10	1/6	10	2/5
11	3/8	11	4/8	11	5/7	11	6/7	11	7/7	11	8/7	11	9/6	11	10/7	11	11/7	11	12/7	11	1/7	11	2/6
12	3/9	12	4/9	12	5/8	12	6/8	12	7/8	12	8/8	12	9/7	12	10/8	12	11/8	12	12/8	12	1/8	12	2/7
13	3/10	13	4/10	13	5/9	13	6/9	13	7/9	13	8/9	13	9/8	13	10/9	13	11/9	13	12/9	13	1/9	13	2/8
14	3/11	14	4/11	14	5/10	14	6/10	14	7/10	14	8/10	14	9/9	14	10/10	14	11/10	14	12/10	14	1/10	14	2/9
15	3/12	15	4/12	15	5/11	15	6/11	15	7/11	15	8/11	15	9/10	15	10/11	15	11/11	15	12/11	15	1/11	15	2/10
16	3/13	16	4/13	16	5/12	16	6/12	16	7/12	16	8/12	16	9/11	16	10/12	16	11/12	16	12/12	16	1/12	16	2/11
17	3/14	17	4/14	17	5/13	17	6/13	17	7/13	17	8/13	17	9/12	17	10/13	17	11/13	17	12/13	17	1/13	17	2/12
18	3/15	18	4/15	18	5/14	18	6/14	18	7/14	18	8/14	18	9/13	18	10/14	18	11/14	18	12/14	18	1/14	18	2/13
19	3/16	19	4/16	19	5/15	19	6/15	19	7/15	19	8/15	19	9/14	19	10/15	19	11/15	19	12/15	19	1/15	19	2/14
20	3/17	20	4/17	20	5/16	20	6/16	20	7/16	20	8/16	20	9/15	20	10/16	20	11/16	20	12/16	20	1/16	20	2/15
21	3/18	21	4/18	21	5/17	21	6/17	21	7/17	21	8/17	21	9/16	21	10/17	21	11/17	21	12/17	21	1/17	21	2/16
22	3/19	22	4/19	22	5/18	22	6/18	22	7/18	22	8/18	22	9/17	22	10/18	22	11/18	22	12/18	22	1/18	22	2/17
23	3/20	23	4/20	23	5/19	23	6/19	23	7/19	23	8/19	23	9/18	23	10/19	23	11/19	23	12/19	23	1/19	23	2/18
24	3/21	24	4/21	24	5/20	24	6/20	24	7/20	24	8/20	24	9/19	24	10/20	24	11/20	24	12/20	24	1/20	24	2/19
25	3/22	25	4/22	25	5/21	25	6/21	25	7/21	25	8/21	25	9/20	25	10/21	25	11/21	25	12/21	25	1/21	25	2/20
26	3/23	26	4/23	26	5/22	26	6/22	26	7/22	26	8/22	26	9/21	26	10/22	26	11/22	26	12/22	26	1/22	26	2/21
27	3/24	27	4/24	27	5/23	27	6/23	27	7/23	27	8/23	27	9/22	27	10/23	27	11/23	27	12/23	27	1/23	27	2/22
28	3/25	28	4/25	28	5/24	28	6/24	28	7/24	28	8/24	28	9/23	28	10/24	28	11/24	28	12/24	28	1/24	28	2/23
29	3/26	29	4/26	29	5/25	29	6/25	29	7/25	29	8/25	29	9/24	29	10/25	29	11/25	29	12/25	29	1/25	29	2/24
30	3/27			30	5/26	30	6/26	30	7/26	30	8/26	30	9/25	30	10/26	30	11/26	30	12/26	30	1/26	30	2/25
31	3/28			31	5/27			31	7/27			31	9/26	31	10/27			31	12/27			31	2/26

※女性労働者が産前産後休業後すぐに育児休業を取得する場合の開始日一覧（男性の場合は出産予定日から育児休業を取得することができる）

産休・育休管理シート

※この管理シートは、産前産後休業、育児休業を取得する社員が出た場合に、社会保険等の各種手続きを漏れなく行うためのチェックシートです。ご参考にして下さい。

出産・育児に関する手続きの管理シート

所属：

氏名：

	日付	
産休開始	□	□産前産後休業中の社会保険料免除
出産予定日	□	
出産日	□	□出産育児一時金の支給申請　※直接払いでない場合 □健康保険被扶養者異動届　※子を被扶養者にする場合
産休終了	□	□出産手当金の支給申請 □産前産後休業取得者変更(終了)届　※出産日のずれにより産休期間が変わった場合 □産前産後休業終了時報酬月額変更届　※産休後復帰する場合
育休開始	□	□育児休業給付の受給資格確認 □育児休業給付金の初回支給申請 □育児休業中の社会保険料免除
2回目	□	□育児休業給付の申請（2回目）
3回目	□	□育児休業給付の申請（3回目）
4回目	□	□育児休業給付の申請（4回目）
5回目	□	□育児休業給付の申請（5回目）
6回目	□	□育児休業給付の申請（6回目）
育休終了日	□	□社会保険料免除「終了届」　※予定通りなら不要
復帰後3ヵ月	□	□標準報酬月額の改定　※特例 □厚生年金養育期間標準報酬月額特例申出書

健康診査・保健指導申請書

健康診査・保健指導申請書

所　属			
氏　名		分娩予定日	年　　月　　日

※(1)	医療機関等名	所在地　（電話番号）	医療機関等初診日
1			年　　月　　日
2			年　　月　　日
3			年　　月　　日

※(2)	申請日	通院する日・時間	妊娠週数	承認印
1	月　日	月　日　時　分　～　時　分	週	
	月　日	月　日　時　分　～　時　分	週	
	月　日	月　日　時　分　～　時　分	週	
	月　日	月　日　時　分　～　時　分	週	
	月　日	月　日　時　分　～　時　分	週	
	月　日	月　日　時　分　～　時　分	週	
	月　日	月　日　時　分　～　時　分	週	
	月　日	月　日　時　分　～　時　分	週	
	月　日	月　日　時　分　～　時　分	週	
	月　日	月　日　時　分　～　時　分	週	

※（1）　２以降は医療機関等を変更した場合に、記入してください。

※（2）　医療機関等を※１欄の番号で記入してください。

健康保険出産手当金支給申請書

健康保険 出産手当金 支給申請書

1 2 3

被保険者記入用　手

記入方法および添付書類等については、「健康保険 出産手当金 支給申請書 記入の手引き」をご確認ください。

申請書は、黒のボールペン等を使用し、楷書で枠内に丁寧にご記入ください。　記入見本 0 1 2 3 4 5 6 7 8 9 ア イ ウ

被保険者情報

被保険者証の（左づめ）	記号 2 1 7 0 0 0 2 3　番号 2 1	生年月日 1（1.昭和 2.平成 3.令和）6 1 1 0 2 2（年 月 日）
氏名・印	（フリガナ）キョウカイ　ハナコ 協会　花子　（協会）	自署の場合は押印を省略できます。
住所	〒 1 4 4 0 0 5 2　東京 都（道 府 県）大田区△△1-2-3	
電話番号（日中の連絡先）※ハイフン除く	TEL 0 3 × × × × × × × × × ×	

振込先指定口座

金融機関名称	○○○○　銀行（金庫 信組 農協 漁協 その他（　））　○○○○　支店（本店 代理店 出張所 本店営業部 本所 支所）		
預金種別	1（1. 普通 3. 別段 2. 当座 4. 通知）	口座番号	7 8 9 0 1 2 3　左づめでご記入ください。
口座名義	▼カタカナ（姓と名の間は1マス空けてご記入ください。濁点（゛）、半濁点（゜）は1字としてご記入ください。） キョウカイ　ハナコ	口座名義の区分	1（1. 被保険者 2. 代理人）

「2」の場合は必ず記入・押印ください。（押印省略不可）

受取代理人の欄

被保険者	本申請に基づく給付金に関する受領を下記の代理人に委任します。 氏名・印　（印） （1.平成 2.令和）年 月 日 住所 「被保険者情報」の住所と同じ	
代理人（口座名義人）	〒　TEL（ハイフン除く） 住所 （フリガナ） 氏名・印　（印）	被保険者との関係

「被保険者・医師・助産師記入用」は2ページに続きます。

被保険者のマイナンバー記載欄

被保険者証の記号番号がご不明の場合にご記入ください。

記入した場合は、本人確認書類及び貼付台紙の添付が必要となります。
（詳細は「記入の手引き」をご覧ください。）

(2020. 9)

受付日付印

社会保険労務士の提出代行者名記載欄　（印）

様式番号　6 1 1 1 6 9

協会使用欄　1

全国健康保険協会
協会けんぽ

1 / 3

出典：全国健康保険協会

出産のため労務に服さなかった期間とその日数（公休日を含む）を記入。

健康保険 出産手当金 支給申請書

1 2 3

被保険者・医師・助産師記入用

被保険者氏名	協会　花子

申請内容

1 今回の出産手当金の申請は、出産前の申請ですか、それとも出産後の申請ですか。	2　1. 出産前の申請　2. 出産後の申請
2 上記で「出産前の申請」の場合は、出産予定日をご記入ください。「出産後の申請」の場合は、出産日と出産予定日をご記入ください。	出産予定日　1（1.平成 2.令和）　30年04月21日 出産日　1（1.平成 2.令和）　30年04月22日
3 出産のため休んだ期間（申請期間）	1（1.平成 2.令和）　30年03月11日 から 1（1.平成 2.令和）　30年06月17日 まで 99 日間
4 上記の出産のため休んだ期間（申請期間）の報酬を受けましたか。または今後受けられますか。	2　1. はい　2. いいえ
5 上記で「はい」と答えた場合、その報酬の額と、その報酬支払の基礎となった（なる）期間をご記入ください。	（1.平成 2.令和）　年　月　日 から （1.平成 2.令和）　年　月　日 まで 円

医師・助産師記入欄

出産者氏名	協会　花子		
出産予定年月日	1（1.平成 2.令和）　30年04月21日	出産年月日	1（1.平成 2.令和）　30年04月22日
出生児の数	1（1.単胎 2.多胎→（　児））	生産または死産の別	1（1.生産 2.死産→（妊娠　週））

上記のとおり相違ないことを証明する。　1（1.平成 2.令和）　30年05月15日

医療施設の所在地　東京都大田区○○2-3-5

医療施設の名称　○○総合病院

医師・助産師の氏名　保険　太郎　（保険）

電話番号 ※ハイフン除く　03△△△△△△△△△△

「事業主記入用」は3ページに続きます。

様式番号

611268

全国健康保険協会
協会けんぽ

2/3

労務に服することができなかった期間を含む賃金計算期間（賃金計算の締日の翌日から締日の期間）の勤務状況について、出勤した場合は○で、有給の場合は△で、公休日の場合は公で、欠勤の場合は／で表示する。

1 2 **3**

健康保険 出産手当金 支給申請書

事業主記入用

労務に服さなかった期間を含む賃金計算期間の勤務状況および賃金支払状況等をご記入ください。

事業主が証明するところ

被保険者氏名

勤務状況 【出勤は○】で、【有給休暇は△】で、【公休は公】で、【欠勤は／】でそれぞれ表示してください。

1.平成 2.令和	年	月	日	計 出勤	有給
1	30	03	① ② ③ ④ 5／ 6／ ⑦ ⑧ ⑨ ⑩ 11／ 12／ 13／ 14／ 15／ 16／ 17／ 18／ 19／ 20／ 21／ 22／ 23／ 24／ 25／ 26／ 27／ 28／ 29／ 30／ 31／	8日	0日
1	30	04	1／ 2／ 3／ 4／ 5／ 6／ 7／ 8／ 9／ 10／ 11／ 12／ 13／ 14／ 15／ 16／ 17／ 18／ 19／ 20／ 21／ 22／ 23／ 24／ 25／ 26／ 27／ 28／ 29／ 30／ 31	0日	0日
1	30	05	1／ 2／ 3／ 4／ 5／ 6／ 7／ 8／ 9／ 10／ 11／ 12／ 13／ 14／ 15／ 16／ 17／ 18／ 19／ ⑳ ㉑ ㉒ ㉓ ㉔ 25／ 26／ ㉗ ㉘ ㉙ ㉚ ㉛	10日	0日
			1 2 3 4 5 6 7 8 9 10 11 12 13 14 15 16 17 18 19 20 21 22 23 24 25 26 27 28 29 30 31	日	日
			1 2 3 4 5 6 7 8 9 10 11 12 13 14 15 16 17 18 19 20 21 22 23 24 25 26 27 28 29 30 31	日	日

上記の期間に対して、賃金を支給しました(します)か？	☑はい □いいえ	給与の種類	□月給 ☑時間給 □日給 □歩合給 □日給月給 □その他	賃金計算	締日 末日 / 支払日 2（1.当月 2.翌月）16日

上記の期間を含む賃金計算期間の賃金支給状況をご記入ください。

区分＼期間	単価	03月01日〜03月31日分 支給額	04月01日〜04月30日分 支給額	05月01日〜05月31日分 支給額
基本給	1000	64000		80000
通勤手当	20000	20000		20000
手当				
手当				
手当				
手当				
現物給与				
合計		84000	0	10000

支給した（する）賃金内訳

賃金計算方法（欠勤控除計算方法等）についてご記入ください。

基本給計算方法　@1,000円×8時間×8日＝64,000円
@1,000円×8時間×10日＝80,000円

担当者氏名　○○　○○

上記のとおり相違ないことを証明します。

1（1.平成 2.令和）30年06月17日

事業所所在地　東京都千代田区△△1-1

事業所名称　○○株式会社

事業主氏名　健保三郎　事業主印

電話番号 ※ハイフン除く　030000000000

様式番号

611367

全国健康保険協会
協会けんぽ

3/3

労務に服することができなかった期間を含む賃金計算期間における賃金支給状況について記入。また、賃金支給状況がわかるよう、賃金計算方法や欠勤控除計算方法等を記入。

育児・介護休業規程

第１章　総則

（目　的）

第１条　この規程は、就業規則第○条に基づき、育児・介護のための休業、時間外労働および深夜業の制限、子の看護休暇、介護休暇、所定外労働の免除ならびに短時間勤務等に関する取り扱いについて定めたものである。

（法令との関係）

第２条　この規程に定めのないことについては、「育児休業、介護休業等育児または家族介護を行う労働者の福祉に関する法律（以下「育児･介護休業法」という）」その他の法令の定めるところによる。

（信義則）

第３条　会社は、育児・介護休業等を希望する社員に対し、休業等を取得しやすい職場環境を整備するとともに、希望に沿った休業等ができるよう配慮しなければならない。

２．　社員は、この規程に基づく制度を利用するに当たり、業務の引継ぎを完了させるなど担当業務に支障を来たさぬよう努めなくてはならない。

第２章　育児休業制度

（育児休業の対象者）

第４条　１歳に満たない子と同居し、養育する社員は、この規程に定めるところにより育児休業を取得することができる。ただし、期間契約社員については育児休業の申出時点において次のいずれにも該当する者に限る。

①　雇用された期間が１年以上の者

②　子が１歳６ヵ月に達する日までに労働契約が満了し、更新されないことが決定している者ではないこと

２．　前項にかかわらず、次の社員は育児休業を取得することができない。

①　日雇社員

②　会社と社員代表との間で「育児・介護休業等に関する協定（以下「協定」という）」が締結されたときは､その協定により育児休業の対象から除外することとされた次の社員

イ）雇用された期間が１年未満の者

ロ）申出の日から１年以内（１歳６ヵ月および２歳までの育児休業の場合は

「6ヵ月以内」）に雇用関係が終了することが明らかな者
ハ）1週間の所定労働日数が2日以下の者

（育児休業の期間等）

第5条　育児休業の期間は、原則として、子が1歳に達するまでを限度として育児休業申出書に記載された期間とする。

2．前項の規定にかかわらず、社員の配偶者が、子が1歳に達するまでに育児休業を取得しており、社員が、配偶者より後なおかつ子の1歳の誕生日以前に育児休業を開始した場合は、同一の子について取得する社員の育児休業可能な期間を1歳2ヵ月まで延長する。ただし、この場合においても休業期間の上限は1年間（母親は産後休業と合わせて1年間）とする。

3．子が1歳に達する日において、本人または配偶者が育児休業中の社員は、次のいずれかに該当する場合、育児休業を延長または新たに取得（以下「延長等」という）することができる。なお、この延長等は、子が1歳6ヵ月に達するまでを限度とする。

①　保育所の入所を希望しているが、入所できないとき
②　配偶者で、1歳以降も子を養育する予定であった者が次のいずれかに該当したとき
イ）死亡したとき
ロ）負傷、疾病等により子の養育が困難になったとき
ハ）離婚その他の事情により子と同居しなくなったとき
ニ）6週間（多胎妊娠の場合は14週間）以内に出産予定または産後8週間を経過しないとき

4．子が1歳6ヵ月に達する日において、本人または配偶者が育児休業中の社員は、次のいずれかに該当する場合、育児休業を再延長または新たに取得することができる（以下「再延長等」という）。なお、この再延長等は、子が2歳に達するまでを限度とする。

①　保育所の入所を希望しているが、入所できないとき
②　配偶者で、1歳6ヵ月以降も子を養育する予定であったものが次のいずれかに該当したとき
イ）死亡したとき
ロ）負傷、疾病等により子の養育が困難になったとき
ハ）離婚その他の事情により子と同居しなくなったとき
ニ）6週間（多胎妊娠の場合は14週間）以内に出産予定または産後8週間を経過しないとき

（育児休業の申出の手続き等）

第6条　育児休業を希望する社員は、原則として育児休業開始予定日の1ヵ月前（第5条第3項および第5項に基づく休業の場合は2週間前）までに、「育児休業申出書」を会社に提出するものとする。これより遅れた場合、会社は、「育児・介護休業

法」の定めによって育児休業開始予定日の指定を行うことができる。

2. 前項の規定にかかわらず、次の場合には、休業開始予定日の１週間前までに「育児休業申出書」を会社に提出することにより、育児休業の申出をすることができる。

① 出産予定日前に子が出生したとき
② 配偶者が死亡したとき
③ 配偶者が負傷、疾病等により子を養育することが困難になったとき
④ 配偶者が子と同居しないこととなったとき
⑤ 子が負傷、疾病等により２週間以上の期間にわたり世話を必要とする状態になったとき
⑥ 保育所に入所を希望しているが、入所できないとき

3. 育児休業の申出は１人の子につき１回限りとし、双子以上の場合もこれを１人とみなす。ただし、次の場合にあっては再度の申し出をすることができる。

① 産前産後休業の開始により育児休業期間が終了した場合で、その休業等の対象となった子が、死亡や、他人の養子になったことなどにより労働者と同居しなくなったとき。
② 新たな育児休業の開始により育児休業期間が終了した場合で、その休業等の対象となった子が、死亡や、他人の養子になったことなどにより労働者と同居しなくなったとき。
③ 介護休業の開始により育児休業期間が終了した場合で、その対象となった対象家族が死亡、または離婚、婚姻の取消、離縁等により対象家族と労働者との親族関係が消滅したとき。
④ 配偶者が死亡したとき。
⑤ 配偶者が負傷、疾病等により子の養育が困難な状態となったとき。
⑥ 離婚等により配偶者が子と同居しないこととなったとき。
⑦ 申し出にかかる子の負傷、疾病等により、２週間以上の期間にわたり世話を必要とする状態になったとき
⑧ 申し出の子について保育所に入所を希望しているが、入所できないとき
⑨ 子の出生の日または出産予定日のいずれか遅い方の日から起算して８週間を経過する日の翌日までに、産後休業を取得していない社員が育児休業を取得したとき

4. 会社は、育児休業申出書を受け取るに当たり、必要最小限度の各種証明書の提出を求めることがある。この場合、社員は会社の指示に従わなくてはならない。

（取扱通知）

第７条 育児休業申出書が提出されたときは、会社はすみやかにその育児休業申出書を提出した社員（以下「育児休業申出者」という）に対し、「育児休業取扱通知書」を交付する。

（出生届）

第８条　育児休業申出者は、申出日の後に子が出生したとき、２週間以内に会社に「育児休業等対象児出生届」を提出しなければならない。

（育児休業の申出の撤回等）

第９条　育児休業申出者は、育児休業開始予定日の前日までに、「育児休業申出撤回届」を会社に提出することにより、育児休業の申出を撤回することができる。

２．　育児休業の申出を撤回した社員は、次の場合を除き、同じ子については再度申出をすることができない。

①　配偶者が死亡したとき。

②　配偶者が負傷、疾病等により子の養育が困難な状態となったとき。

③　離婚等により配偶者が子と同居しないこととなったとき。

④　申し出にかかる子の負傷、疾病等により、２週間以上の期間にわたり世話を必要とする状態になったとき

⑤　申し出の子について保育所に入所を希望しているが、入所できないとき

３．　育児休業開始予定日の前日までに、子の死亡、養子縁組の取消し等により育児休業申出者が休業申出に係る子を養育しないこととなった場合には、育児休業の申出はされなかったものとみなす。この場合において、育児休業申出者は、原則として事由が発生した日に、会社にその旨を通知しなければならない。

（変更の申出）

第10条　社員は、次の場合に「育児休業期間変更申出書」によって育児休業開始予定日の１週間前までに会社に申し出ることにより、１回に限り育児休業開始予定日の繰り上げ変更を行うことができる。

①　出産予定日前に子が出生したとき

②　配偶者が死亡したとき

③　配偶者が負傷、疾病等により子を養育することが困難になったとき

④　配偶者が子と同居しないこととなったとき

⑤　申し出にかかる子が負傷、疾病等により２週間以上の期間にわたり世話を必要とする状態になったとき

⑥　申し出の子について保育所に入所を希望しているが、入所できないとき

２．　社員は、「育児休業期間変更申出書」によって育児休業終了予定日の１ヵ月前までに申し出ることにより（第５条第３項および第４項に基づく休業の場合、２週間前までに申し出ることにより、第５条第１項に基づく休業とは別に）、１回に限り育児休業終了予定日の繰り下げ変更を行うことができる。

３．　社員が育児休業開始予定日の繰り下げ変更または育児休業終了予定日の繰り上げ変更を希望する場合には、育児休業期間変更申出書により会社に申し出るものとし、会社がこれを適当と認めた場合には、すみやかに本人に通知することとする。

（育児休業の終了）

第11条　次の各号に掲げるいずれかの事由が生じた場合には、育児休業はその日（３号の場合はその前日）に終了するものとする。

①　子の死亡等、育児休業に係る子を養育しないこととなったとき

②　育児休業に係る子が１歳（第５条第３項に基づく休業の場合は１歳６ヵ月、第５条第５項に基づく休業の場合は２歳）に達したとき

③　育児休業申出者について、産前産後休業、介護休業または新たな育児休業が始まったとき

④　第５条第２項に基づく休業において、出生日以後の産前・産後休業期間と育児休業期間との合計が１年に達したとき

２．　前項１号の事由が生じた場合、育児休業申出者は、原則としてその事由が生じた日に、会社にその旨を通知しなければならない。

第３章　介護休業制度

（介護休業の対象者）

第12条　要介護状態にある家族を介護する社員は、この規程に定めるところにより介護休業を取得することができる。ただし、期間契約社員については次のいずれにも該当する者に限る。

①　雇用された期間が１年以上の者

②　介護休業開始予定日から93日と６ヵ月を経過する日までに労働契約が満了し、更新されないことが決定している者ではないこと

２．　前項にかかわらず、次の社員は介護休業を取得することができない。

①　日雇社員

②　会社と社員代表との間で協定が締結されたときは、その協定により介護休業の対象から除外することとされた次の社員

イ）雇用された期間が１年未満の者

ロ）申出の日から93日以内に雇用関係が終了することが明らかな者

ハ）１週間の所定労働日数が２日以下の者

３．　第１項の「要介護状態にある家族」とは、負傷、疾病または身体上もしくは精神上の障害により、２週間以上の期間にわたり常時介護を必要とする状態にある次の者をいう。

①　配偶者

②　父母

③　子

④　配偶者の父母

⑤　祖父母、兄弟姉妹または孫

（介護休業の期間等）

第13条　介護休業の期間は、原則として、介護を必要とする者１人につき３回、通算93日

の範囲内で、介護休業申出書に記載された期間とする。

（介護休業の申出の手続き等）

第14条　介護休業を希望する社員は、原則として介護休業開始予定日の２週間前までに、「介護休業申出書」を会社に提出するものとする。これより遅れた場合、会社は、「育児･介護休業法」の定めによって介護休業開始予定日の指定を行うことができる。

２．　介護休業の申出は、対象家族１人につき３回までとする。ただし次の場合はこの限りでない。

①　新たな介護休業の開始により前の介護休業期間が終了した次の場合

イ）新たな介護休業に係る対象家族が死亡したとき

ロ）離婚、婚姻の解消、離縁等により対象家族と労働者との親族関係が消滅したとき

②　産前産後休業または育児休業の開始により介護休業期間が終了した次の場合

イ）産前産後休業または育児休業の対象となった子が死亡したとき

ロ）他人の養子になったこと等の理由により労働者と同居しなくなったとき

３．　会社は、介護休業申出書を受け取るに当たり、必要最小限度の各種証明書の提出を求めることがある。この場合、社員は会社の指示に従わなくてはならない。

（取扱通知）

第15条　介護休業申出書が提出されたときは、会社はすみやかにその介護休業申出書を提出した社員（以下「介護休業申出者」という）に対し､「介護休業取扱通知書」を交付する。

（介護休業の申出の撤回等）

第16条　介護休業申出者は、介護休業開始予定日の前日までに､「介護休業申出撤回届」を会社に提出することにより、介護休業の申出を撤回することができる。

２．　同一の対象家族について２回連続して介護休業の申出を撤回した場合、その家族について再度の申出はすることができない。ただし、会社がこれを適当と認めた場合には申し出ることができる。

３．　介護休業開始予定日の前日までに、申出に係る家族の死亡、離婚等により介護しないこととなった場合には、介護休業の申出はされなかったものとみなす。この場合において、介護休業申出者は、原則として事由が発生した日に、会社にその旨を通知しなければならない。

（変更の申出）

第17条　社員は､「介護休業期間変更申出書」によって介護休業終了予定日の２週間前までに会社に申し出ることにより、１回の申出ごとの休業につき１回に限り介護休業終了予定日の繰り下げを行うことができる。

２．　社員が介護休業終了予定日の繰り上げ変更または、介護休業開始日の繰り上げ･

繰り下げ変更を希望する場合には､「介護休業期間変更申出書」により会社に申し出るものとし、会社がこれを適当と認めた場合には、すみやかに本人に通知することとする。

（介護休業の終了）

第18条　次の各号に掲げるいずれかの事由が生じた場合には、介護休業はその日（２号の場合はその前日）に終了する。

①　次のいずれかの理由により、介護休業に係る対象家族を介護しないこととなったとき

イ）対象家族の死亡

ロ）離婚や離縁等による当該休業に係る家族との親族関係の消滅

ハ）介護休業申出者が、負傷、疾病等により介護できない状態になったこと

②　産前産後休業、育児休業または新たな介護休業が始まったとき

２．　前項の事由が生じた場合、介護休業申出者は、原則として事由が生じた日に、会社にその旨を通知しなければならない。

第４章　所定外労働の免除

（育児のための所定外労働の免除）

第19条　３歳に満たない子と同居し養育する社員が、その子を養育するため請求した場合には、就業規則第○条の規定および「時間外・休日労働に関する協定」にかかわらず、事業の正常な運営に支障がある場合を除き、所定労働時間を超えて労働させることはない。

２．　前項にかかわらず、次のいずれかに該当する社員は、所定外労働の免除を請求することができない。

①　日雇社員

②　会社と社員代表との間で協定が締結されたときは、その協定により所定外労働の免除の対象から除外することとされた次の社員

イ）雇用された期間が１年未満の者

ロ）１週間の所定労働日数が２日以下の者

（育児のための所定外労働免除の手続き等）

第20条　所定外労働の免除を請求しようとする社員は、１回につき、１ヵ月以上１年以内の期間（以下この章において「免除期間」という。）について､免除開始予定日および免除終了予定日を明らかにして、原則として免除開始予定日の１ヵ月前までに､「所定外労働免除請求書」を会社に提出しなければならない。なお、この場合において当該免除期間は第５章に定める時間外労働の制限期間と重複しないようにしなければならない。

２．　会社は、所定外労働免除請求書を受け取るに当たり、必要最小限度の各種証明書の提出を求めることがある。この場合、社員は会社の指示に従わなければならな

い。

3．　請求の日後に請求に係る子が出生したときは、所定外労働免除請求書を提出した者は、出生後２週間以内に会社に「育児休業等対象児出生届」を提出しなければならない。

4．　免除開始予定日の前日までに、請求に係る子の養育をしないこととなった場合には、請求はされなかったものとみなす。この場合において、請求者は、原則として事由が発生した日に、会社にその旨を通知しなければならない。

（育児のための所定外労働免除の終了）

第21条　次の各号に掲げるいずれかの事由が生じた場合には、免除期間はその日（３号の場合はその前日）に終了する。

①　子の養育をしないこととなったとき

②　免除に係る子が３歳に達したとき

③　請求者について、産前産後休業、育児休業または介護休業が始まったとき

2．　前項１号の事由が生じた場合には、請求者は、原則として事由が生じた日に、会社にその旨を通知しなければならない。

（介護のための所定外労働の免除）

第22条　要介護状態にある家族を介護する社員が、その家族を介護するために請求した場合には、就業規則第○条の規定および「時間外・休日労働に関する協定」にかかわらず、事業の正常な運営に支障がある場合を除き、所定労働時間を超えて労働させることはない。

2．　前項にかかわらず、次のいずれかに該当する社員は、所定外労働の免除を請求することができない。

①　日雇社員

②　会社と社員代表との間で協定が締結されたときは、その協定により所定外労働の免除の対象から除外することとされた次の社員

イ）雇用された期間が１年未満の者

ロ）１週間の所定労働日数が２日以下の者

（介護のための所定外労働免除の手続き等）

第23条　所定外労働の免除を請求しようとする社員は、１回につき、１ヵ月以上１年以内の期間について、免除開始予定日および終了予定日を明らかにして、原則として免除開始予定日の１ヶ月前までに「所定外労働免除請求書」を会社に提出しなければならない。なお、この場合において当該免除期間は第５章に定める時間外労働の制限期間と重複しないようにしなければならない。

2．　会社は、所定外労働免除請求書を受け取るに当たり、必要最小限度の各種証明書の提出を求めることがある。この場合、社員は会社の指示に従わなければならない。

3．　免除開始予定日の前日までに、請求に係る対象家族の死亡等により家族の介護を

しないこととなった場合には、請求はされなかったものとみなす。この場合において、請求者は、原則として事由が発生した日に、会社にその旨を通知しなければならない。

（介護のための所定外労働免除の終了）

第24条　次の各号に掲げるいずれかの事由が生じた場合には、免除期間はその日（２号の場合はその前日）に終了する。

①　対象家族の介護をしないこととなったとき

②　請求者について、産前産後休業、育児休業、または介護休業が始まったとき

２．　前項１号の事由が生じた場合には、請求者は、原則として事由が生じた日に、会社にその旨を通知しなければならない。

第５章　時間外労働の制限

（育児・介護のための時間外労働の制限）

第25条　小学校就学の始期に達するまでの子と同居し養育する社員が、その子を養育するため、または要介護状態にある家族を介護する社員が、その家族を介護するために請求した場合には、就業規則第○条の規定および「時間外・休日労働に関する協定」にかかわらず、事業の正常な運営に支障がある場合を除き、１ヵ月について24時間、１年について150時間を超えて時間外労働をさせることはない。

２．　前項にかかわらず、次のいずれかに該当する社員は、育児のための時間外労働の制限、また介護のための時間外労働の制限を請求することができない。

①　日雇社員

②　雇用された期間が１年未満の者

③　１週間の所定労働日数が２日以下の者

（時間外労働制限の手続き等）

第26条　時間外労働の制限を請求しようとする社員は、１回につき、１ヵ月以上１年以内の期間（以下この章において「制限期間」という。）について、制限開始予定日および制限終了予定日を明らかにして、原則として制限開始予定日の１ヵ月前までに、「育児･介護のための時間外労働制限請求書」を会社に提出しなければならない。なお、この場合において当該制限期間は、第４章に定める所定外労働の免除期間と重複しないこと。

２．　会社は、時間外労働制限請求書を受け取るに当たり、必要最小限度の各種証明書の提出を求めることがある。この場合、社員は会社の指示に従わなければならない。

３．　請求の日後に請求に係る子が出生したときは、時間外労働制限請求書を提出した者は、出生後２週間以内に会社に「育児休業等対象児出生届」を提出しなければならない。

４．　制限開始予定日の前日までに、請求に係る家族の死亡等により、請求者が子の養

育または家族の介護をしないこととなった場合には、請求はされなかったものとみなす。この場合において、請求者は、原則として事由が発生した日に、会社にその旨を通知しなければならない。

（時間外労働制限の終了）

第27条 次の各号に掲げるいずれかの事由が生じた場合には、制限期間はその日（３号の場合はその前日）に終了する。

① 家族の死亡等制限に係る子の養育または家族の介護をしないこととなったとき

② 制限に係る子が小学校就学の始期（子が６歳に達する日の属する年度の３月31日）に達したとき

③ 請求者について、産前産後休業、育児休業または介護休業が始まったとき

２．前項１号の事由が生じた場合には、請求者は、原則として事由が生じた日に、会社にその旨を通知しなければならない。

第６章 深夜労働の制限

（育児・介護のための深夜労働の制限）

第28条 小学校就学の始期に達するまでの子と同居し養育する社員が、その子を養育するため、または要介護状態にある家族を介護する社員が、その家族を介護するために請求した場合には、就業規則第○条の規定にかかわらず、事業の正常な運営に支障がある場合を除き、午後10時から午前５時までの間（以下「深夜」という）に労働をさせることはない。

２．前項にかかわらず、次の社員は、深夜業の制限を請求することができない。

① 日雇社員

② 雇用された期間が１年未満の者

③ 次のいずれにも該当する16歳以上の同居の親族がいる社員

イ）深夜に就労していないか、または深夜就労日数が月３日以下であること

ロ）心身の状況が請求に係る子の養育、または家族の介護をすることができること

ハ）６週間（多胎妊娠の場合は14週間）以内に出産予定でないか、または産後８週間以内でないこと

④ １週間の所定労働日数が２日以下の者

⑤ 所定労働時間の全部が深夜にある者

（深夜労働の制限の手続き等）

第29条 深夜労働の制限を請求しようとする者は、１回につき、１ヵ月以上６ヵ月以内の期間（以下この条において「制限期間」という）について、制限開始予定日および制限終了予定日を明らかにして、原則として制限開始予定日の１ヵ月前までに、「育児・介護のための深夜労働制限請求書」を会社に提出しなければならない。

2.　会社は、深夜労働制限請求書を受け取るに当たり、必要最小限度の各種証明書の提出を求めることがある。この場合、社員は会社の指示に従わなければならない。

3.　請求の日後に請求に係る子が出生したときは、深夜労働制限請求書を提出した者は、出生後2週間以内に会社に「育児休業等対象児出生届」を提出しなければならない。

4.　制限開始予定日の前日までに、請求に係る家族の死亡等により、深夜労働制限請求者が子の養育または家族の介護をしないこととなった場合には、請求はされなかったものとみなす。この場合において、請求者は原則として、事由が発生した日に、会社にその旨を通知しなければならない。

（深夜労働の制限の終了）

第30条　次の各号に掲げるいずれかの事由が生じた場合には、制限期間はその日（3号の場合はその前日）に終了する。

①　家族の死亡等制限に係る子の養育または家族の介護をしないこととなったとき

②　制限に係る子が小学校就学の始期（子が6歳に達する日の属する年度の3月31日）に達したとき

③　請求者について、産前産後休業、育児休業または介護休業が始まったとき

2.　前項1号の事由が生じた場合には、請求者は、原則として事由が生じた日に、会社にその旨を通知しなければならない。

第7章　短時間勤務等の措置

（育児のための短時間勤務）

第31条　3歳に満たない子と同居し養育する社員は、会社に申し出て、次のいずれかの短時間勤務の適用を受けることができる。

①　所定労働時間：午前9時00分から午後4時00分まで（6時間）
　　休憩時間：午前12時00分から午後1時00分まで（1時間）

②　所定労働時間：午前9時00分から午後5時00分まで（7時間）
　　休憩時間：午前12時00分から午後1時00分まで（1時間）

2.　前項にかかわらず、次の社員は、短時間勤務をすることができない。

①　日雇社員

②　所定労働時間が1日6時間以下の社員

③　会社と社員代表との間で協定が締結されたときは、その協定により、短時間勤務の対象から除外することとされた次の社員

イ）雇用期間が1年未満の者

ロ）1週間の所定労働日数が2日以下の者

ハ）業務の性質または実施体制に照らし短時間勤務とすることが困難な業務として協定に定める業務に従事する者

3.　前項3号ハ）の定めにより短時間勤務の適用から除外する者については、代替措

置として、第２章に定める育児休業に準じて、子が３歳に達するまで休業することができる。

4．適用のための手続き等は、第６条から第11条までの規定を準用する。ただし申出は、「育児短時間勤務申出書」により行う。

5．産後１年以内の女性社員については、第１項による短時間勤務の他、１日２回各々30分の育児時間を請求することができる。

（介護のための短時間勤務）

第32条 要介護状態にある家族を介護する社員は、会社に申し出て、対象家族１人あたり３年間を限度して、次のいずれかの短時間勤務の適用を受けることができる。なお、利用できる回数は、利用開始から３年の間で２回までとする。

① 所定労働時間：午前９時00分から午後４時00分まで（６時間）
休憩時間：午前12時00分から午後１時00分まで（１時間）

② 所定労働時間：午前９時00分から午後５時00分まで（７時間）
休憩時間：午前12時00分から午後１時00分まで（１時間）

③ 会社と社員で協議の上、会社が決定した時間

2．前項にかかわらず、次の社員は、短時間勤務をすることができない。

① 日雇社員

② 所定労働時間が１日６時間以下の社員

③ 会社と社員代表との間で協定が締結されたときは、その協定により除外することとされた次の社員

イ）雇用期間が１年未満の者

ロ）１週間の所定労働日数が２日以下の者

3．適用のための手続きは、第14条から第18条までの規程を準用する。ただし申出は、「介護短時間勤務申出書」により行う。

第８章　子の看護休暇

（子の看護休暇）

第33条 小学校就学の始期に達するまでの子を養育する社員は、負傷し、または疾病にかかった子の世話をし、もしくは予防接種または健康診断を受けさせるために、育児休業とは別に、１年間（毎年４月１日から３月31日）につき５日間（子が２人以上の場合は10日間）を限度として子の看護休暇を取得することができる。

2．前項にかかわらず、次の社員は、子の看護休暇を申出できない。

① 日雇社員

② 会社と社員代表との間で協定が締結されたときは、その協定により、子の看護休暇を申出できる対象から除外された次の社員

イ）雇用された期間が６ヵ月未満の者

ロ）１週間の所定労働日数が２日以下の者

3．子の看護のための休暇を取得しようとする者は、「子の看護休暇申出書」を会社に

提出することにより申し出るものとする。なお、緊急を要する場合においては、当日の始業時刻までに電話で連絡の上、出社後すみやかに所定の手続きを行うこと。

4．子の看護休暇は１日単位または半日単位で取得できるものとし、半日は所定労働時間の２分の１とする。半日単位の子の看護休暇２回で１日分の取得とする。

●令和３年１月改正！　→74ページ参照

時間単位の取得を認めるよう義務付けられます。

<改正後の規定例>

4．子の看護休暇は、時間単位で始業時刻から連続または終業時刻まで連続して取得することができる。

第９章　介護休暇

（介護休暇）

第34条　要介護状態にある家族を介護する社員は、要介護状態にある対象家族の介護その他通院等の付き添い、介護サービスの提供を受けるための手続きその他の世話などのために、介護休業とは別に、１年間（毎年４月１日から３月31日）につき５日間（対象家族が２人以上の場合は10日間）を限度として介護休暇を取得することができる。

2．前項にかかわらず、次の社員は、介護休暇を申出できない。

①日雇社員

②会社と社員代表との間で協定が締結されたときは、その協定により、介護休暇を申出できる対象から除外された次の社員

イ）雇用された期間が６ヵ月未満の者

ロ）１週間の所定労働日数が２日以下の者

3．介護休暇を取得しようとする者は､「介護休暇申出書」を会社に提出することにより申し出るものとする。なお、緊急を要する場合においては、当日の始業時刻までに電話で連絡の上、出社後すみやかに所定の手続きを行うこと。

4．介護休暇は１日単位または半日単位で取得できるものとし、半日は所定労働時間の２分の１とする。半日単位の介護休暇２回で１日分の取得とする。

●令和３年１月改正！　→108ページ参照

時間単位の取得を認めるよう義務付けられます。

<改正後の規定例>

4．介護休暇は、時間単位で始業時刻から連続または終業時刻まで連続して取得することができる。

（育児目的休暇）

第35条　小学校就学の始期に達するまでの子を養育する社員は、養育のために就業規則第

○条に規定する年次有給休暇とは別に１年間（毎年４月１日から３月31日）につき○日（子が２人以上の場合は○日）を限度として、育児目的休暇を取得することができる。

２．前項にかかわらず、次の社員は育児目的休暇を申出できない。

① 日雇社員

② 会社と社員代表との間で協定が締結されたときは、その協定により育児目的休暇を申出できる対象から除外された次の社員

イ）雇用された期間が６ヵ月未満の者

ロ）１週間の所定労働日数が２日以下の者

３．育児目的休暇を取得しようとする者は、「育児目的休暇申出書」を会社に提出することにより申し出るものとする。

※育児目的休暇は努力義務で、日数などは法律で定められていません。 →86ページ参照

第10章　雑則

（賃金の取り扱い）

第36条 育児・介護休業の期間、子の看護休暇、介護休暇の取得日および取得時間については、賃金は支給しない。

２．短時間勤務の適用を受ける間の給与については、別途定める賃金規程に基づき、時間給換算した額を基礎とした実労働時間分の基本給と諸手当を支給する。

３．賞与について、その算定対象期間にこの規定により勤務しなかった期間が含まれる場合には、出勤日数により日割りで計算した額を支給する。また、１ヵ月以上短時間勤務の適用を受ける期間がある場合には、その期間に応じて、短縮した勤務時間の所定労働時間における割合で減額を行うものとする。

（年次有給休暇）

第37条 年次有給休暇の権利発生のための出勤率の算定に当たっては、育児・介護休業をした日は、出勤したものとみなす。

（昇　給）

第38条 定期昇給は、育児・介護休業の期間中は行わないものとし、育児・介護休業期間中に定期昇給日が到来した者については、復職後に再評価の上実施するものとする。また、短時間勤務の適用を受ける期間は、通常の勤務をしているものとみなす。

（退職金）

第39条 退職金の算定に当たって、育児・介護休業をした期間は勤続年数に参入しない。また、短時間勤務の適用を受ける期間は、通常の勤務をしたものとみなします。

（社会保険料等の取り扱い）

第40条　休業中の社会保険料の被保険者負担分、住民税等については、原則として各月に会社が立て替え、社員は翌月○日までに会社へ支払うものとする。ただし、産前産後休業および３歳未満の子の養育のために育児休業を取得した場合、健康保険、厚生年金保険の被保険者負担分の保険料で、免除されたものはこの限りではない。

（復職後の勤務）

第41条　育児・介護休業後の勤務は、原則として、休業直前の部署および職務とする。

２．　前項にかかわらず、本人の希望がある場合および組織の変更等やむを得ない事情がある場合には、部署および勤務の変更を行うことがある。

（教育訓練）

第42条　会社は、３ヵ月以上の育児休業または１ヵ月以上の介護休業をする社員で、休業期間中、職場復帰プログラムの受講を希望する者に同プログラムを実施することとする。

２．　会社は、別に定める職場復帰プログラム基本計画に沿って、当該社員が休業している間、同プログラムを行うこととする。

付　則

１．　この規程は、平成　年　月　日から実施する。

育児・介護休業に関する労使協定の例

育児・介護休業に関する労使協定

○○○○（以下「会社」という）と○○○○は、育児・介護休業等に関し、次のとおり協定する。

（育児休業の申出を拒むことができる社員）

第１条　会社は、次の社員から１歳に満たない子を養育するため育児休業の申出があったときは、その申出を拒むことができるものとする。

①　雇用された期間が１年未満の者

②　申出の日から１年（１歳６ヵ月および２歳までの休業の場合６ヵ月）以内に雇用関係が終了することが明らかな者

③　１週間の所定労働日数が２日以下の者

（介護休業の申出を拒むことができる社員）

第２条　会社は、次の社員から介護休業の申出があったときは、その申出を拒むことができるものとする。

①　雇用された期間が１年未満の者

②　申出日から93日以内に雇用関係が終了することが明らかな者

③　１週間の所定労働日数が２日以下の者

（育児のための所定外労働の免除の請求を拒むことができる社員）

第３条　会社は、次の社員から育児のための所定外労働の免除の請求があったときは、その請求を拒むことができるものとする。

①　雇用された期間が１年未満の者

②　１週間の所定労働日数が２日以下の者

（介護のための所定外労働の免除の請求を拒むことができる社員）

第４条　会社は、次の社員から介護のための所定外労働の免除の請求があったときは、その請求を拒むことができるものとする。

①　雇用された期間が１年未満の者

②　１週間の所定労働日数が２日以下の者

（育児のための短時間勤務の申出を拒むことができる社員）

第５条　会社は、次の社員から育児のための短時間勤務の申出があったときは、その申出を拒むことができるものとする。

①　雇用された期間が１年未満の者

② １週間の所定労働日数が２日以下の者

③ 業務の性質または実施体制に照らし短時間勤務とすることが困難な業務として協定に定める次の業務に従事する者

イ）製造ラインの○業務、□業務

ロ）国際営業業務

（介護のための短時間勤務の申出を拒むことができる社員）

第６条 会社は、次の社員から介護のための短時間勤務の申出があったときは、その申出を拒むことができるものとする。

① 雇用期間が１年未満の者

② １週間の所定労働日数が２日以下の者

（子の看護休暇・介護休暇の申出を拒むことができる社員）

第７条 会社は、次の社員から子の看護休暇および介護休暇の申出があったときは、その申出を拒むことができるものとする。

① 継続して雇用された期間が６ヵ月未満の者

② １週間の所定労働日数が２日以下の者

（社員への通知）

第８条 会社は、第１条から第５条までのいずれかの規定により社員の申出を拒むときは、その旨を社員に通知するものとする。

（有効期間）

第９条 本協定の有効期間は、平成○年○月○日から平成○年○月○日までとする。ただし、有効期間満了の１ヵ月前までに、会社、組合いずれからも申出がないときには、更に１年間有効期間を延長するものとし、以降も同様とする。

平成　年　月　日

㊞

㊞

育児休業申出書

育児休業申出書

人事部長　　　　　　殿　　　　　　　　　　　　［申出日］　令和　　年　　月　　日

［申出者］　　　　部　　　　課

氏　名

私は、「育児・介護休業等に関する規則」に基づき、下記のとおり育児休業の申出をします。

記

1　休業に係る子の状況	（1）氏　名	
	（2）生年月日	
	（3）本人との続柄	
	（4）養子の場合、 縁組成立年月日	令和　　年　　月　　日
	（5）（1）の子が、特別養子縁組の監護期間中の子・養子縁組里親に委託されている子・養育里親として委託された子の場合、その手続きが完了した年月日	令和　　年　　月　　日
2　1の子が生まれていない場合の出産予定者の状況	（1）氏　名 （2）出産予定日 （3）本人との続柄	
3　休業の期間	令和　　年　　月　　日から　　年　　月　　日まで （職場復帰予定日　令和　　年　　月　　日）	
4　申出に係る状況	（1）1歳までの育児休業の場合は休業開始予定日の1か月前、1歳を超えての休業の場合は2週間前に申し出て	いる・いない → 申出が遅れた理由 〔　　　　　　　　　　　　　〕
	（2）1の子について育児休業の申出を撤回したことが	ない・ある → 再度申出の理由 〔　　　　　　　　　　　　　〕
	（3）1の子について育児休業をしたことが ※1歳を超えての休業の場合は記入の必要はありません	ない・ある 再度の休業の理由 〔　　　　　　　　　　　　　〕
	（4）配偶者も育児休業をしており、パパ・ママ育休プラス制度に基づき1歳を超えて休業しようとする場合	配偶者の休業開始（予定）日 令和　　年　　月　　日
	（5）（4）以外で1歳を超えての休業の申出の場合	休業が必要な理由 〔　　　　　　　　　　　　　〕
	（6）1歳を超えての育児休業の申出の場合で申出者が育児休業中でない場合	配偶者が休業　している・していない

（注）有期契約社員が現在締結されている労働契約の末日まで育児休業した後、労働契約の更新に伴って更新後の労働契約期間の初日を育児休業開始予定日とする申出をする場合は、3のみの記入で足ります。

介護休業申出書

介護休業申出書

人事部長　　　　　　殿

［申出日］　令和　　年　　月　　日
［申出者］　　　　　部　　　　課
氏　名

私は、「育児・介護休業等に関する規則」に基づき、下記のとおり介護休業の申出をします。

記

１　休業に係る家族の状況	（１）氏　名	
	（２）本人との続柄	
	（３）家族が祖父母、兄弟姉妹、孫である場合、同居、扶養の状況	同居し扶養を している　・　していない
	（４）介護を必要とする理由	
２　休業の期間	令和　　年　　月　　日から　　　年　　月　　日まで （職場復帰予定日　令和　　年　　月　　日）	
３　申出に係る状況	（１）休業開始予定日の２週間前に申し出て	いる・いない → 申出が遅れた理由 〔　　　　　　　　　　〕
	（２）１の家族について、これまでの介護休業をした回数及び日数	回　　　　日
	（３）１の家族について介護休業の申出を撤回したことが	ない・ある（　　回） → 既に２回連続して撤回した場合、再度申出の理由 〔　　　　　　　　　　〕

（注）有期契約社員が現在締結されている労働契約の末日まで介護休業した後、労働契約の更新に伴って更新後の労働契約期間の初日を介護休業開始予定日とする申出をする場合は、２のみの記入で足ります。

育児・介護休業取扱通知書

〔育児・介護〕休業取扱通知書

殿

人事部長

あなたが令和　　年　　月　　日にされた〔育児・介護〕休業の申出について、「育児・介護休業等に関する規則」に基づき、その取扱いを下記のとおり通知します（ただし、期間の変更の申出があった場合には下記の事項の若干の変更があり得ます）。

記

1　休業の期間等	（1）適正な申出がされていましたので申出どおり令和　　年　　月　　日から令和　　年　　月　　日まで休業してください。職場復帰予定日は、令和　　年　　月　　日です。 （2）申し出た期日が遅かったので休業を開始する日を令和　　年　　月　　日にしてください。 （3）あなたは以下の理由により休業の対象者でないので休業することはできません。 〔　　　　〕 （4）あなたが令和　　年　　月　　日にした休業申出は撤回されました。 （5）（介護休業の場合のみ）申出に係る対象家族について介護休業ができる日数は通算93日です。今回の措置により、介護休業ができる残りの回数および日数は（　）回（　）日になります。
2　休業期間中の取扱い等	（1）休業期間中については給与を支払いません。 （2）所属は　　部のままとします。 （3）・（育児休業の場合のみ）あなたの社会保険料は免除されます。 ・（介護休業の場合のみ）あなたの社会保険料本人負担分は、　月現在で1月約　　円ですが、休業を開始することにより、　月からは給与から天引きができなくなりますので、月ごとに会社から支払い請求書を送付します。指定された日までに下記へ振り込むか、人事部労務課に持参してください。 振込先： （4）税については市区町村より直接納税通知書が届きますので、それに従って支払ってください。 （5）毎月の給与から天引きされる社内融資返済金がある場合には、支払い猶予の措置を受けることができますので、人事部労務課に申し出てください。 （6）職場復帰プログラムを受講できますので、希望の場合は人事部労務課に申し出てください。
3　休業後の労働条件	（1）休業後のあなたの基本給は、　　級　　号　　　円です。 （2）令和　年　月の賞与については算定対象期間に　　日の出勤日がありますので、出勤日数により日割りで計算した額を支給します。 （3）退職金の算定に当たっては、休業期間を勤務したものとみなして勤続年数を計算します。 （4）復職後は原則として　　部で休業をする前と同じ職務についていただく予定ですが、休業終了1か月前までに正式に決定し通知します。 （5）あなたの　　年度の有給休暇はあと　　日ありますので、これから休業期間を除き令和　　年　　月　　日までの間に消化してください。 次年度の有給休暇は、今後　　日以上欠勤がなければ、繰り越し分を除いて　　日の有給休暇を請求できます。
4　その他	（1）お子さんを養育しなくなる、家族を介護しなくなる等あなたの休業に重大な変更をもたらす事由が発生したときは、なるべくその日に人事部労務課あて電話連絡をしてください。この場合の休業終了後の出勤日については、事由発生後2週間以内の日を会社と話し合って決定していただきます。 （2）休業期間中についても会社の福利厚生施設を利用することができます。

育児・介護休業期間変更申出書

〔育児・介護〕休業期間変更申出書

人事部長　　　　　　殿

［変更申出日］　令和　　年　　月　　日
［変更申出者］　　　　　部　　　　課
氏　名

私は、「育児・介護休業等に関する規則」に基づき、令和　　年　　月　　日に行った〔育児・介護〕休業の申出における休業期間を下記のとおり変更します。

記

1　当初の申出における休業期間	令和　　年　　月　　日から 令和　　年　　月　　日まで
2　当初の申出に対する会社の対応	休業開始予定日の指定 ・　有　→　指定後の休業開始予定日 令和　　年　　月　　日 ・　無
3　変更の内容	（1）休業〔開始・終了〕予定日の変更 （2）変更後の休業〔開始・終了〕予定日 令和　　年　　月　　日
4　変更の理由 （休業開始予定日の変更の場合のみ）	

（注）1歳以降に開始する育児休業に関しては休業開始予定日の変更はできません。

育児休業給付受給資格確認票・(初回)育児休業基本給付金支給申請書

■ 様式第33号の5(第101条の13関係)(第1面) ■

育児休業給付受給資格確認票・(初回)育児休業給付金支給申請書

(必ず第2面の注意書きをよく読んでから記入してください。)

帳票種別 13405

1.被保険者番号 1234-567890-0

2.資格取得年月日 4-100401(元号 年 月 日)

3.被保険者氏名 東京 京子

フリガナ(カタカナ) トウキョウ キョウコ

4.事業所番号 9999-000001-0

5.育児休業開始年月日 4-××□□△△(元号 年 月 日)

6.出産年月日 4-××○○△△(元号 年 月 日)(3 昭和 4 平成 5 令和)

7.個人番号 123456789000

8.被保険者の住所(郵便番号) ×××-××××

9.被保険者の住所(漢字)※市・区・郡及び町村名 世田谷区世田谷

被保険者の住所(漢字)※丁目・番地 1-1-1

被保険者の住所(漢字)※アパート、マンション名等

10.被保険者の電話番号(項目ごとにそれぞれ左詰めで記入してください。) 03-999-9999(市外局番 市内局番 番号)

11.支給単位期間その1 (初日) 4-××0616 (末日) 0715(元号 年 月 日 月 日)(4 平成 5 令和)

12.就業日数 0 日　13.就業時間　時間　14.支払われた賃金額 0 円

15.支給単位期間その2 (初日) 4-××0716 (末日) 0815(元号 年 月 日 月 日)(4 平成 5 令和)

16.就業日数 0 日　17.就業時間　時間　18.支払われた賃金額 0 円

19.最終支給単位期間 (初日) (末日)(元号 年 月 日 月 日)(4 平成 5 令和)

20.就業日数　日　21.就業時間　時間　22.支払われた賃金額　円

23.職場復帰年月日(元号 年 月 日)

24.支給対象となる期間の延長事由－期間(事由 元号 年 月 日 月 日)

25.配偶者育休取得 1

26.配偶者の被保険者番号 2345-678901-0

27.期間雇用者の継続雇用の見込み

28.休業事由の消滅年月日(元号 年 月 日)

※公共職業安定所記載欄

29.延長等否認　30.産後休業表示(休業がある場合に「1」を記入)　31.賃金月額(区分－日額又は総額)　円(1 日額 2 総額)　32.当初の育児休業開始年月日(元号 年 月 日)

33.受給資格確認年月日(元号 年 月 日)(4 平成 5 令和)　34.受給資格否認(受給資格なしと判断した場合に「1」を記入)　35.支給申請月(1 奇数月 2 偶数月)　36.次回支給申請年月日(元号 年 月 日)

37.支払区分　38.金融機関・店舗コード　口座番号　39.未支給区分(空欄 未支給以外 1 未支給)

(この用紙は、このまま機械で処理しますので、汚さないようにしてください。)

上記被保険者が育児休業を取得し、上記の記載事実に誤りがないことを証明します。

令和 XX 年 06 月 26 日　事業所名(所在地・電話番号) 東京都渋谷区渋谷 ○-○-○ 株式会社 ○○○○　事業主名 代表取締役 ×××× 印

上記のとおり育児休業給付の受給資格の確認を申請します。
雇用保険法施行規則第101条の13の規定により、上記のとおり育児休業給付金の支給を申請します。

令和 XX 年 06 月 26 日 飯田橋 公共職業安定所長 殿

フリガナ
申請者氏名 東京 京子《トウキョウ キョウコ》 印

払渡希望金融機関指定届	40.払渡希望金融機関			金融機関コード	店舗コード	金融機関による確認印
	フリガナ	コクミン ギンコウ オオタ				
	名称	国民 銀行 大田 支店				
	銀行等(ゆうちょ銀行以外)	口座番号	(普通) XXXXXXX			
	ゆうちょ銀行	記号番号	(総合) －			

配偶者育休取得

パパママ育休プラス制度により、1歳～1歳2カ月までの期間も育児休業を取得する場合のみ記入。

払渡希望金融機関指定届　欄

育児休業給付の払渡しを希望する申請者本人名義の普通預(貯)金口座の金融機関の名称等を記入し、金融機関の確認印を受ける。

支払われた賃金額

支給対象期間において支払われた賃金の額を記入。なお、賃金に含まれるか否か判断しかねる場合は、備考欄にその額と名称と支給対象期間を記入。

雇用保険被保険者休業開始時賃金月額証明書（育児）

⑦欄　休業等を開始した日の前日に離職したとみなした場合の被保険者期間算定対象期間

離職証明書の記載要領に準じて、2年間について記入。

⑩欄　⑨の基礎日数

⑨欄の期間における賃金支払いの基礎となった日数を記入。

有給休暇の対象となった日、休業手当の対象となった日を含む。

⑪欄　賃金額

月給者はA欄に、日給者はB欄に記入しますが、日給者に月極めで支払われる賃金（家族手当等）はA欄に記入し、合計額を計欄に記入。

A欄またはB欄の記載のみで足りる場合は、計欄の記入は省略して差し支えない。

2枚目左欄外「捨印」

④欄　休業等を開始した日の年月日

被保険者が1歳に満たない子を養育するための休業を開始した日を記入。

2枚目　休業を開始した者の確認印または自筆による署名

様式第10号の2

雇用保険被保険者 休業開始時賃金月額証明書／短縮措置等適用時賃金証明書（安定所提出用）（育児・介護）

① 被保険者番号	1234-567890-0	③ フリガナ	トウ キョウ キョウ コ
② 事業所番号	9999-000001-0	休業等を開始した者の氏名	東京 京子
④ 休業等を開始した日の年月日	平成△△年 3月 16日		
⑤ 名称	株式会社○○○○	⑥ 休業等を開始した者の住所又は居所	〒111-1234 東京都世田谷区○○-○○
事業所所在地	東京都渋谷区渋谷○-○-○		
電話番号	03 - 3210 - 1111	電話番号	（03）3456 - 1111

この証明書の記載は、事実に相違ないことを証明します。

事業主　住所　東京都渋谷区渋谷○-○-○
氏名　株式会社○○○○　代表取締役××××　印

休業等を開始した者の確認印又は自筆による署名　東京

休業等を開始した日前の賃金支払状況等

⑦休業等を開始した日の前日に離職したとみなした場合の被保険者期間算定対象期間（短時間以外・短時間）休業等を開始した日　月　日	⑧⑦の期間における賃金支払基礎日数	⑨賃金支払対象期間	⑩⑨の基礎日数	⑪賃金額 Ⓐ	Ⓑ	計	⑫備考
2月16日～休業等を開始した日の前日	0日	2月21日～休業等を開始した日の前日	0日	0			自××.12.6 至△△.3.15
11月16日～12月15日	20日	11月21日～12月20日	15日	113,500			102日間
10月16日～11月15日	31日	10月21日～11月20日	31日	200,000			産前・産後休業のため
9月16日～10月15日	30日	9月21日～10月20日	30日	200,000			賃金支払いなし
8月16日～9月15日	31日	8月21日～9月20日	31日	200,000			
7月16日～8月15日	31日	7月21日～8月20日	31日	200,000			
6月16日～7月15日	30日	6月21日～7月20日	30日	200,000			
5月16日～6月15日	31日	5月21日～6月20日	31日	200,000			
4月16日～5月15日	30日	4月21日～5月20日	30日	180,000			
3月16日～4月15日	31日	3月21日～4月20日	31日	180,000			
2月16日～3月15日	28日	2月21日～3月20日	28日	180,000			
1月16日～2月15日	31日	1月21日～2月20日	31日	180,000			
12月16日～1月15日	31日	12月21日～1月20日	31日	180,000			
11月16日～12月15日	30日	11月21日～12月20日	30日	180,000			
月　日～　月　日	日	月　日～　月　日	日				
月　日～　月　日	日	月　日～　月　日	日				

⑬賃金に関する特記事項

休業開始時賃金月額証明書／短縮措置等適用時賃金証明書 受理　平成　年　月　日（受理番号　号）

⑭（休業開始時における）雇用期間　㋑定めなし　ロ 定めあり → 平成　年　月　日まで（休業開始日を含めて　年　カ月）

※公共職業安

⑭欄　（休業開始時における）雇用期間

⑭欄には休業開始時点での休業を行う者についての雇用期間の定めの有無を記入。

⑧欄　⑦の期間における賃金支払基礎日数

⑦欄の期間における賃金の支払いの基礎となった日数を記入。有給休暇の対象となった日、休業手当の対象となった日を含む。

⑨欄　賃金支払対象期間

最上段には、休業を開始した日の直前の賃金締切日の翌日から、休業を開始した日の前日までの期間を記入し、以下順次さかのぼって賃金締切日の翌日から賃金締切日までの期間を2年間記入。

〔子の看護休暇・介護休暇〕申出書

〔子の看護休暇・介護休暇〕申出書

殿

〔申出日〕　　　年　　月　　日
〔申出者〕所属
　　　　　氏名

私は、育児・介護休業等に関する規則に基づき、下記のとおり〔子の看護休暇・介護休暇〕の申出をします。

記

<table>
<tr><td></td><td></td><td>〔子の看護休暇〕</td><td>〔介護休暇〕</td></tr>
<tr><td rowspan="6">1　申出に係る家族の状況</td><td>（1）氏　名</td><td></td><td></td></tr>
<tr><td>（2）生年月日</td><td></td><td></td></tr>
<tr><td>（3）本人との続柄</td><td></td><td></td></tr>
<tr><td>（4）養子の場合、
縁組成立の年月日</td><td></td><td></td></tr>
<tr><td>（5）（1）の子が、特別養子縁組の監護期間中の子・養子縁組里親に委託されている子・養育里親として委託された子の場合、その手続きが完了した年月日</td><td></td><td></td></tr>
<tr><td>（6）介護を必要とする理由</td><td></td><td></td></tr>
<tr><td>2　申出理由</td><td colspan="3"></td></tr>
<tr><td>3　取得する日・時間</td><td>一日　・　時間</td><td colspan="2">年　　月　　日　　時　　分から
年　　月　　日　　時　　分まで</td></tr>
<tr><td>4　備　　考</td><td colspan="3">年　　月　　日～　　年　　月　　日（1年度）の期間において
（育児　対象　人　日
取得済日数・時間数　日　時間
今回申出日数・時間数　日　時間
残日数・残時間数　日　時間）
（介護　対象　人　日
取得済日数・時間数　日　時間
今回申出日数・時間数　日　時間
残日数・残時間数　日　時間）</td></tr>
</table>

（注1）当日、電話などで申し出た場合は、出勤後すみやかに提出してください。
　3については、複数の日を一括して申し出る場合には、申し出る日すべて記入してください。
（注2）子の看護休暇の場合、取得できる日数は、小学校就学前の子が1人の場合は年5日、2人以上の場合は年10日となります。時間単位で取得できます。
　介護休暇の場合、取得できる日数は、対象となる家族が1人の場合は年5日、2人以上の場合は年10日となります。時間単位で取得できます。

育児・介護のための時間外労働制限請求書

〔育児・介護〕のための時間外労働制限請求書

人事部長　　　　　　　　殿

［請求日］　令和　　　年　　　月　　　日
［請求者］　　　　　　　部　　　　　　課
氏　名

私は、「育児・介護休業等に関する規則」に基づき、下記のとおり〔育児・介護〕のための時間外労働の制限を請求します。

記

		育　児	介　護
1　請求に係る家族の状況	（1）氏　名		
	（2）生年月日		
	（3）本人との続柄		
	（4）養子の場合の縁組成立年月日		
	（5）（1）の子が、特別養子縁組の監護期間中の子・養子縁組里親に委託されている子・養育里親として委託された子の場合、その手続きが完了した年月日		
	（6）介護を必要とする理由		

2　育児の場合、1の子が生まれていない場合の出産予定者の状況	（1）氏　名 （2）出産予定日 （3）本人との続柄
3　制限の期間	令和　　年　　月　　日から　　年　　月　　日まで
4　請求に係る状況	制限開始予定日の1か月前に請求している・いない→請求が遅れた理由 〔　　　　　　　　　　　　　　　　〕

（注）1－(5)は、介護のための時間外労働の制限の請求に係る家族が祖父母、兄弟姉妹、孫である場合に記入してください。

育児・介護のための深夜業制限請求書

〔育児・介護〕のための深夜業制限請求書

人事部長　　　　　殿

［請求日］　令和　　年　　月　　日
［請求者］　　　　　部　　　　　課
氏　名

私は、「育児・介護休業等に関する規則」に基づき、下記のとおり〔育児・介護〕のための深夜業の制限を請求します。

記

		育　児	介　護
1　請求に係る家族の状況	（1）氏　名		
	（2）生年月日		
	（3）本人との続柄		
	（4）養子の場合の縁組成立年月日		
	（5）（1）の子が、特別養子縁組の監護期間中の子・養子縁組里親に委託されている子・養育里親として委託された子の場合、その手続きが完了した年月日		
	（6）介護を必要とする理由		
2　育児の場合、1の子が生まれていない場合の出産予定者の状況	（1）氏　名 （2）出産予定日 （3）本人との続柄		
3　制限の期間	令和　　年　　月　　日から　　年　　月　　日まで		
4　請求に係る状況	（1）制限開始予定日の1か月前に請求して いる・いない→請求が遅れた理由 〔　　　　　　　　　　　　　　　　〕 （2）常態として1の子を保育できる又は1の家族を介護できる16歳以上の同居の親族が いる・いない		

（注）1－（5）は、介護のための深夜業の制限の請求に係る家族が祖父母、兄弟姉妹、孫である場合に記入してください。

育児短時間勤務申出書

人事部長　　　　　殿

［申出日］　令和　　年　　月　　日
［申出者］　　　　　部　　　　　課
氏　名

私は、「育児・介護休業等に関する規則」に基づき、下記のとおり育児短時間勤務の申出をします。

記

1　短時間勤務に係る子の状況	（1）氏　名	
	（2）生年月日	令和　　年　　月　　日
	（3）本人との続柄	
	（4）養子の場合、縁組成立年月日	令和　　年　　月　　日
	（5）（1）の子が、特別養子縁組の監護期間中の子・養子縁組里親に委託されている子・養育里親として委託された子の場合、その手続きが完了した年月日	令和　　年　　月　　日
2　1の子が生まれていない場合の出産予定者の状況	（1）氏　名 （2）出産予定日 （3）本人との続柄	
3　短時間勤務の期間	令和　　年　　月　　日から　　年　　月　　日まで	
	※　　時　　分から　　時　　分まで	
4　申出に係る状況	（1）短時間勤務開始予定日の1か月前に申し出て	いる・いない → 申出が遅れた理由 〔　　　　　　　　〕
	（2）1の子について短時間勤務の申出を撤回したことが	ない・ある → 再度申出の理由 〔　　　　　　　　〕

（注）3－※は、労働者が個々に勤務しない日または時間を請求することを認める制度である場合に記入してください。

介護短時間勤務申出書

介護短時間勤務申出書

人事部長　　　　　殿

［申出日］　令和　　年　　月　　日
［申出者］　　　　　部　　　　　課
氏　名

私は、「育児・介護休業等に関する規則」に基づき、下記のとおり介護短時間勤務の申出をします。

記

1　短時間勤務に係る　家族の状況	（1）氏　名	
	（2）本人との続柄	
	（3）介護を必要とする理由	
2　短時間勤務の期間	令和　　年　　月　　日から　　年　　月　　日まで	
	※　　時　　分から　　時　　分まで □毎日　　□その他［　　　　　　］	
3　申出に係る状況	（1）短時間勤務開始予定日の2週間前に申し出て	いる・いない → 申出が遅れた理由 〔　　　　　　〕
	（2）1の家族について最初の介護短時間勤務を開始した年月日、及びこれまでの利用回数	〔最初の開始年月日〕 令和　　年　　月　　日 〔回数〕 回
	（3）1の家族について介護短時間勤務の申出を撤回したことが	ない・ある（　　回） → 既に2回連続して撤回した場合、再度申出の理由 〔　　　　　　〕

（注）2－※欄は、労働者が個々に勤務しない日または時間を請求することを認める制度である場合には必要となります。

育児・介護短時間勤務取扱通知書

〔育児・介護〕短時間勤務取扱通知書

殿

人事部長

あなたから令和　　年　　月　　日に〔育児・介護〕短時間勤務の申出がありました。「育児・介護休業等に関する規則」に基づき、その取扱いを下記のとおり通知します（ただし、期間の変更の申出があった場合には下記の事項の若干の変更があり得ます）。

記

1　短時間勤務の期間等	（1）　適正な申出がされていましたので申出どおり令和　　年　　月　　日から令和　　年　　月　　日まで短時間勤務をしてください。 （2）　申し出た期日が遅かったので短時間勤務を開始する日を令和　　年　　月　　日にしてください。 （3）　あなたは以下の理由により対象者でないので短時間勤務をすることはできません。 〔　　　　　　　　　　　　　　　　〕 （4）　（介護短時間勤務の場合のみ）申出に係る対象家族について介護短時間勤務又は介護休業ができる日数はのべ93日です。今回の措置により、介護短時間勤務ができる期限は令和　　年　　月　　日までで残り（　　）回になります。
2　短時間勤務期間の取扱い等	（1）　短時間勤務中の勤務時間は次のとおりとなります。 始業（　　時　　分）　　終業（　　時　　分） 休憩時間（　　時　　分～　　時　　分（　　分）） （2）　（産後1年以内の女性従業員の場合）上記の他、育児時間1日2回30分の請求ができます。 （3）　短時間勤務中は原則として所定時間外労働は行わせません。 （4）　短時間勤務中の賃金は次のとおりとなります。 1　基本賃金 2　諸手当の額又は計算方法 （5）　賞与及び退職金の算定に当たっては、短時間勤務期間中も通常勤務をしたものとみなして計算します。
3　その他	お子さんを養育しなくなる、家族を介護しなくなる等あなたの勤務に重大な変更をもたらす事由が発生したときは、なるべくその日に人事部労務課あて電話連絡をしてください。この場合の通常勤務の開始日については、事由発生後2週間以内の日を会社と話し合って決定していただきます。

〔育児・介護〕のための所定外労働免除請求書

〔育児・介護〕のための所定外労働免除請求書

殿

〔請求日〕　令和　　年　　月　　日
〔請求者〕　所属
　　　　　　氏名

私は、育児・介護休業等に関する規則（第　条）に基づき、下記のとおり〔育児・介護〕のための所定外労働の制限を請求します。

記

		〔育　児〕	〔介　護〕
1　請求に係る家族の状況	（1）氏　名		
	（2）生年月日		
	（3）本人との続柄		
	（4）養子の場合、縁組成立の年月日		
	（5）（1）の子が、特別養子縁組の監護期間中の子・養子縁組里親に委託されている子・養育里親として委託された子の場合、その手続きが完了した年月日		
	（6）介護を必要とする理由		
2　育児の場合、1の子が生まれていない場合の出産予定者の状況	（1）氏　名 （2）出産予定日 （3）本人との続柄		
3　免除の期間	令和　　年　　月　　日から　　年　　月　　日まで		
4　請求に係る状況	免除開始予定日の1か月前に請求をして いる・いない→請求が遅れた理由 〔　　　　　　　　　　　　　　　〕		

育児休業・所定外労働免除等対象児出生届

〔育児休業・育児のための所定外労働免除・育児のための時間外労働制限・育児のための深夜業制限・育児短時間勤務〕対象児出生届

人事部長　　　　　殿

［届出日］　令和　　年　　月　　日
［届出者］　　　　　部　　　　課
氏　名

私は、令和　　年　　月　　日に行った〔育児休業の申出・所定外労働免除の申出・時間外労働制限の請求・深夜業制限の請求・育児短時間勤務の申出〕において出生していなかった〔育児休業・所定外労働免除・時間外労働制限・深夜業制限・育児短時間勤務〕に係る子が出生しましたので、「育児・介護休業等に関する規則」に基づき、下記のとおり届け出ます。

記

1　出生した子の氏名
2　出生の年月日

育児・介護休業申出撤回届

〔育児・介護〕休業申出撤回届

人事部長　　　　　殿

［届出日］　令和　　年　　月　　日
［届出者］　　　　　部　　　　課
氏　名

私は、「育児・介護休業等に関する規則」に基づき、令和　　年　　月　　日に行った〔育児・介護〕休業の申出を撤回します。

索引

■著者紹介

岡田　良則（おかだ よしのり）

岡田人事労務管理事務所所長／株式会社ワーク・アビリティ代表取締役、東京都社会保険労務士会会員。

1965年生まれ。日本ビクター株式会社で生産管理に従事、会計事務所勤務、株式会社コンサル・コープを経て、現職。各企業の就業規則の作成、賃金体系・社内諸制度の構築をはじめ、人事全般にわたる指導を手掛けながら、講師、執筆と幅広く活動している。

著書に「パワハラ防止法の労務実務」「働き方改革法で労務管理はこう変わる」「人材派遣のことならこの１冊」「退職・転職を考えたらこの１冊」「就業規則をつくるならこの1冊」（自由国民社）、「賃金制度を変えるならこの１冊」（共著、自由国民社）などがある。

桑原　彰子（くわはら あきこ）

岡田人事労務管理事務所、株式会社ワーク・アビリティ　マネージャー、滋賀県社会保険労務士会会員。同志社大学商学部卒業。IT関連会社、大学生協東京事業連合の勤務を経て、現職。著書に「就業規則と人事労務の社内規程集」「いますぐ始める残業をゼロにする職場のしくみ」（共著、自由国民社）。

■連絡先　〒150-0013 東京都渋谷区恵比寿1-30-8 プライムコート恵比寿2F

岡田人事労務管理事務所
TEL　03-5789-2704
URL　http://www.okada-sr.com
E-mai　info@okada-sr.com

株式会社ワーク・アビリティ
TEL　03-5789-2200
URL　http://www.work-ab.co.jp
E-mail　info@work-ab.co.jp

育児介護休業の実務と手続き

2016年８月19日　初版発行
2020年12月15日　改訂２版第１刷発行
著　者／岡田良則・桑原彰子
発行者／伊藤　滋
印刷所／新灯印刷株式会社
製本所／新風製本株式会社
発行所／株式会社自由国民社
〒171-0033 東京都豊島区高田3-10-11
営業部　TEL 03-6233-0781 ／ FAX 03-6233-0780
編集部　TEL 03-6233-0786 ／ FAX 03-6233-0790
URL https://www.jiyu.co.jp/

■本文デザイン・小島文代／本文組版・㈲中央制作社